HANDBUCH
Kräuter

Lesley Bremness

HANDBUCH
Kräuter

Die besten Pflanzen für Gesundheit,

Genuss und Lebensfreude

Bassermann

ISBN: 978-3-8094-3367-5

1. Auflage
© dieser deutschen Ausgabe 2014
by Bassermann Verlag, einem Unter-
nehmen der Verlagsgruppe Random
House GmbH, 81673 München
Dieses Buch wurde erstmals 2009 in
Großbritannien unter dem Titel The
Essential Herbs Handbook von
Duncan Baird Publishers Ltd, Castle
House, 75–76 Wells Street, London
WIT 3QH, veröffentlicht.

Gesamtcopyright © Duncan Baird
Publishers 2009
Copyright für Text und Garten-
gestaltung © Lesley Bremness 2009
Copyright der Fotos © Duncan Baird
Publishers 2009, mit Ausnahme der auf
Seite 287 genannten Rechteinhaber

Fachberatung: Walter Enns
Projektkoordination: Herta Winkler
Umschlaggestaltung: Atelier Versen,
Bad Aibling
Übersetzung: Inge Uffelmann
Gesamtproducing:
berliner buch.macher

Farbreproduktionen: Scanhouse
Druck und Bindung: Asia Pacific Offset Ltd.

Printed in China through Asia Pacific
Offset Ltd

6742707010

Inhalt

Vorwort

Um für mein stressreiches Stadtleben einen Ausgleich zu finden, wandte ich mich vor Jahren dem Gärtnern zu. Zunächst gab ich dem Praktischen gegenüber dem Schönen den Vorzug und pflanzte Gemüse, eigentlich aber verlangte es mich nach Blumen. Dann entdeckte ich, dass Kräuter nützliche, wunderschöne Pflanzen sind, die uns tief mit der Natur verbinden. Seither gilt mir das Studium der Kräuter als eine Pforte zur Erkenntnis. Der eine zieht sie, weil er ihren Geschmack schätzt, und entdeckt dabei ihre gesundheitlichen Werte. Der andere will sie zur Herstellung reiner Kosmetik nutzen und entdeckt zufällig, dass man sie zum Färben verwenden kann. Während sich so das Anwendungsspektrum der Kräuter erweitert, vertieft sich zugleich die Beziehung zur gesamten Natur. Ich selbst sammelte so viele Erfahrungen, dass ich anfangen konnte über Kräuter zu schreiben, um so mit anderen zu teilen, was ich selbst gelernt hatte.

Während der Arbeit an diesem Buch konnte ich mit Freude feststellen, dass sich das allgemeine Wissen über Kräuter inzwischen sehr erweitert hat, ja, ich sehe eine Zukunft, in der auch Wissenschaftler sich intensiver mit Kräutern befassen, um der Beziehung zwischen diesen Pflanzen und dem menschlichen Organismus genauer auf die Spur zu kommen.

Je mehr man über Wildkräuter lernt, desto tiefer begreift man, wie wir Menschen mit unseren Pflanzen umgehen. Wir müssen zu Hütern unserer lokalen Wildpflanzen werden! Wer Schlüsselblumenwein herstellen möchte, muss selbst Schlüsselblumen im Garten ziehen, weil sie unter Naturschutz stehen. Sodann müssen wir den Kräuterkundigen dieser Welt Ehre erweisen, denn sie haben das Wissen über diese Pflanzen erarbeitet und über Jahrtausende tradiert. Zieht eine Firma Nutzen aus diesem Wissen, so sollten die Menschen, in deren Lebensraum die Pflanze wächst, etwas davon haben. Doch macht sich gegenwärtig eine Art »Biopiraterie« breit: Großkonzerne sichern sich Patente auf Pflanzen, um so die ansässige Bevölkerung von der Vermarktung auszuschließen.

Ich wurde mir während der Arbeit an diesem Buch der Kraft der Kräuter bewusst: Sie können nicht nur den Körper heilen, sie wirken auch ausgleichend auf Geist und Seele. Ich hofe, Ihnen wird die Entdeckung dieser außerordentlichen Gaben der Natur so viel Freude machen, wie sie mir bereitete.

Sicherheit – verantwortungsvoller Umgang mit Kräutern

- Niemals die empfohlenen Dosen erhöhen. Bei Zweifeln bezüglich Menge und Anwendung den Rat eines professionellen Kräuterkundigen einholen.
- Arzneikräuter anwenden, bis die Symptome abklingen. Stellt sich innerhalb von zwei Wochen keine Besserung ein, den Arzt aufsuchen.
- Den Arzt über verwendete Heilkräuter informieren, wenn er konventionelle Arzneimittel verschreibt oder eine Operation bevorsteht.
- Über 70-Jährige sollten die empfohlenen Dosen halbieren. Einen Kräuterkundigen befragen, ehe man einem Kind unter 12 Jahren Kräuter verabreicht.
- Schwangere müssen alle Kräutermedizin während der ersten 3 Schwangerschaftsmonate und Tinkturen mit Alkohol während der ganzen Schwangerschaft meiden. Auch die entsprechenden Angaben bei den einzelnen Kräutern beachten.
- Keine Wildpflanzen pflücken; selbst ziehen, was man verwenden möchte.
- Beim Kauf fertiger Kräutermischungen immer beste Qualität von gut beleumdeten Firmen wählen

Erster Teil:
Die Welt der Kräuter

Kräuter sind bemerkenswerte Pflanzen, die jeden Aspekt unseres Lebens berühren: Wir nehmen sie mit unseren Sinnen wahr, sie verbinden uns mit unseren Ahnen und unserer Umwelt und sie verbessern unser körperliches und geistiges Wohlbefinden. Dieser Abschnitt stellt Ihnen die Welt der Pflanzen vor. Sie erfahren, was Kräuter sind, Sie folgen der Spur ihrer Geschichte, erfahren, welche Rolle sie in der Ernährung, in der Naturkosmetik, im Haushalt und in der Heilkunde spielen. Sie lernen ätherische Öle und Duftstoffe kennen und auch, wie man die heilenden Eigenschaften der Kräuter nutzen kann. Schließlich erfahren Sie, wie man Kräuter selbst zieht und erntet, und Sie bekommen Ratschläge, wie man einen Kräutergarten anlegt.

Was sind Kräuter?

Kräuter sind Pflanzen, die unser Leben bereichern – als Nahrungsmittel, Medizin, Meditationsobjekt (durch ihren Duft oder ihr Aussehen), Zutat zu Kosmetika und Parfüms. Welche Pflanze wir als Kraut erachten, spiegelt unsere kulturelle Beziehung zur Natur. Einst hielt man alle Pflanzen für Kräuter. Der englische Herbalist John Parkinson listete 1640 in seinem Theatrum Botanicum, das botanische und medizinische Informationen zusammentrug, 3800 Pflanzen auf. Bis zum 20. Jahrhundert hatte sich die Beziehung zu den Pflanzen in der westlichen Welt so verschlechtert, dass viele Menschen kaum ein Dutzend Kräuter kannten, darunter zumeist Küchenkräuter. In jüngster Zeit hat die größere Hinwendung zu Naturheilverfahren zu einer Wiederbelebung des Interesses an Kräutern geführt, sodass sich unsere Definition dessen, was als Kraut gilt, wieder erweitert.

Heilkräuter

Was als Heilkraut gilt, ist weniger eine botanische als vielmehr eine kulturelle Definition. Unter allen Pflanzenarten (siehe nebenstehende Seite) findet man Heilkräuter, und viele der Mittel, die man gegen Allerweltsbeschwerden – Stress, Unwohlsein, unreine Haut – anwenden kann, wachsen in unseren Gärten oder auf freiem Feld. So besitzt beispielsweise die als »Unkraut« geltende Klette (S. 174) blutreinigende Eigenschaften. Heute, wo wir mit traditionellen Heilsystemen wie denen Chinas und Indiens vertraut sind, wissen wir, dass viele Pflanzen nicht nur körperliche und seelische Leiden heilen können, sondern eine umfassende harmonisierende Wirkung haben. Die Beschäftigung mit Kräutern bringt die Natur in unseren Alltag zurück.

Pflanzenarten

- **Baum:** Mehrjähriges Holzgewächs mit einem einzelnen Stamm, aus dem Äste wachsen, die sich in Laub oder Nadeln tragende Zweige teilen.

- **Strauch:** Mehrjährige Pflanze mit mehreren an der Wurzel ansetzenden holzigen Zweigen (doch ohne Stamm) und meist kleiner als ein Baum.

- **Mehrjährig:** Auch ausdauernd oder perennierend nennt man Stauden, Sträucher, Halbsträucher und Holzgewächse, deren oberirdische Teile im Herbst absterben und im Frühjahr neu austreiben oder über Jahre immergrün bleiben.

- **Zweijährig:** Der Wachstumszyklus der Pflanze vollzieht sich innerhalb von zwei Jahren, sie keimen im ersten und bilden im zweiten Blüten und Samen aus.

- **Einjährig:** Der gesamte Wachstumszyklus von der Keimung über Blüte, Fruchtbildung und Absterben vollzieht sich in einem Jahr.

- **Schling- und Kletterpflanzen:** Pflanzen mit weichen, biegsamen Ranken, mit denen sie sich an Objekten oder anderen Pflanzen stützen und emporwinden.

- **Pilze:** Weder Blüten noch Chlorophyll besitzende Pflanzen, die sich von organischen Stoffen ernähren. Viele bilden Hüte aus, an deren Unterseiten Lamellen sitzen, aus denen die reife Pflanze Sporen zu ihrer Vermehrung absondert.

Kräuter im Lauf der Geschichte

Seit es Menschen auf unserem Planeten gibt, haben sie Kräuter verwendet, um ihre Krankheiten zu heilen und mit ihren Göttern in Verbindung zu treten. Bei archäologischen Grabungen fand man mehr als 200 000 Jahre alte gesammelte Samen. Die frühsteinzeitlichen Menschen erlernten den Nutzen der Pflanzen durch Beobachtung der Tiere, durch Versuch und Irrtum und durch mündliche Weitergabe der gesammelten Erfahrungen. Im Lauf der Zeit entwickelte sich das von Generation zu Generation tradierte Wissen zu dem komplexen System der Kräuterkunde, über das wir heute verfügen.

Die Anfänge

Man vermutet, dass Kräuter zunächst bei magischen Riten eine Rolle spielten. In vielen Glaubenssystemen ist das Reich der Geister und Götter eng mit allen Ebenen menschlichen Wohlbefindens verknüpft. Kräuter bildeten da eine Art Brücke zwischen der irdischen Existenz und dem Bereich des Spirituellen. Als das menschliche

Das *Bury St Edmunds Herbal* (ca. 1120) ist für seine naturgetreuen Abbildungen der beschriebenen Kräuter berühmt.

Denken durch Beobachtung und Erfahrung ausreifte, entwickelten sich die Glaubensvorstellungen zu ganzheitlichen Heilsystemen, die Körper, Geist und Seele umfassten, wie beispielsweise die indische ayurvedische Medizin (S. 16–17) und die Traditionelle Chinesische Medizin (S. 18–19).

Überall auf der Welt nutzten die Völker der Frühzeit ihre enge Beziehung zur Natur, um sich die Heilkräfte von Pflanzen zunutze zu machen. Die australischen Aborigines wussten um die guten Eigenschaften von Eukalyptus und Teebaum (ein natürliches Antiseptikum), einheimische nordamerikanische Heiler »lauschten« auf das, was die Pflanzen sagten. Durch sie wissen wir von den Kräften des Sonnenhuts (S. 98), des Amerikanischen Beifuß (S. 256), des Wacholders (S. 266) und anderer Kräuter.

In Afrika finden wir die ältesten und differenziertesten Kräuter-Kenntnisse. Überall auf diesem riesigen Kontinent spielen Kräuter eine wichtige Rolle, ja, in manchen abgelegenen Gegenden sind sie auch heute noch die einzigen verfügbaren Medikamente. Bereits um 1550 v. Chr. entstand im alten Ägypten der medizinische Papyrus Ebers, der die Anwendung von 811 Kräutern auflistet. Inspiriert von dieser ägyptischen Schrift errichtete Asklepios (Äskulap), der zum Gott erhobene griechische Heilkundige, seine Heiltempel, in denen er Kräuter zur Reinigung von Körper, Geist und Seele einsetzte.

Vom Geist zur Wissenschaft

Hippokrates (460–377 v. Chr.), ein berühmter Nachfolger des Asklepios, räumte auf mit der Vorstellung, Krankheiten würden durch Zauber oder Dämonen verursacht. Er gründete seine Heilverfahren auf Beobachtung, pochte darauf, dass der Körper als Ganzes behandelt werden müsse, und bezog Ernährung, frische Luft, Hygiene und Ruhe in seine Kräuterkunde ein. Um 175 v. Chr. systematisierte der griechische Arzt Galen die Ideen des Hippokrates und schuf damit eine Basis der europäischen Medizin, die 1500 Jahre lang Gültigkeit behielt.

Mit dem Aufkommen der pharmazeutischen Wissenschaft setzte sich dann eine »mechanistische« Sicht des Körpers durch; die einzelnen Körperteile wurden getrennt gesehen und behandelt. Ganzheitliche Medizin und Kräuterheilkunde kamen immer mehr aus der Mode.

Die Wiederentdeckung der Herbalisten

Jahrhunderte lang waren es vor allem »Kräuterweiblein«, Mönche und Nonnen, die das Wissen um die Heilkräuter bewahrten. Mit der Renaissance, jener Wiedergeburt griechisch-römischen Wissens und Könnens, kam auch die Kräuterheilkunde wieder zu Ehren Die Wissenschaftler widmeten sich ihr mit erfrischender Aufgeschlossenheit und katalogisierten Mittel und Wirkungen mit großer Genauigkeit.

Mit der Erfindung des Buchdrucks im 15. Jahrhundert bekamen die Menschen einen völlig neuen Zugang zum Wissen. Kräuter, mit denen sich bis dahin nur Ärzte und Mönche befasst hatten, rückten in das allgemeine Interesse und es entstanden medizinische Kräuterbücher. Trotz dieser Aufgeschlossenheit war gerade die Renaissance auch die Zeit der Hexenverfolgungen, der oft kräuterkundige Frauen zum Opfer fielen. Frauen war das Studium verboten und viele nichtprofessionelle Heiler wurden der Ketzerei bezichtigt. Noch heute gilt vielen Menschen die Kräuterkunde als Aberglaube und Quacksalberei.

Kräuterheilkunde und moderne Medizin

Viele hegen gegenüber Kräutern eine gewisse Skepsis und oft wissen sie gar nicht, dass manche Arzneimittel auf pflanzlicher Basis hergestellt werden. Das allseits bekannte Schmerzmittel Aspirin zum Beispiel enthält Salicylsäure, einen Bitterstoff, den man früher aus der Rinde von Weiden gewann. Werden wirksame Pflanzenstoffe aber isoliert, gehen die anderen natürlichen verändernden oder verstärkenden Wirkstoffe dieser Pflanze verloren. Oft ist es deshalb besser, das ganze Heilkraut zu verwenden als eine aus den Kräutern extrahierte Medizin. Auch die Befürchtung, industriell hergestellte Mittel könnten zu viele Giftstoffe enthalten, führt zahlreiche Menschen zu den Heilkräutern zurück. Die Forschung bestätigt derzeit vieles, was man traditionell über Heilkräuter wusste, und entdeckt aufregend Neues; die Zukunft der Kräuter ist strahlender denn je.

Europäische Kräuterbücher

Eines der ältesten Kräuterbücher ist das um 65 n. Chr. verfasste *De Materia Medica* des römischen Militärarztes Dioskurides. Fast 2000 Jahre lang war diese Beschreibung von 600 Kräutern und ihrer Anwendung ein unverzichtbares Werk. Später schrieben Autoren wie die Äbtissin Hildegard von Bingen (1098–1179), der Arzt Paracelsus (1493–1541) sowie die im 16. und 17. Jahrhundert lebenden englischen Botaniker William Turner, John Gerard und John Parkinson immer detailliertere Werke. 1653 erschien *The Complete Herbal* des Engländers Nicholas Culpeper, in dem er 394 Pflanzen beschrieb und das weit über seine Zeit hinaus als Standardwerk galt.

Kräuter im Ayurveda

Das Sanskritwort *Ayurveda* bedeutet »Wissen vom Leben« und bezeichnet Indiens 4000 Jahre altes ganzheitliches Heilsystem, das Körper, Geist und Seele durch Mittel wie Diät, Yoga, Meditation und Anwendung von Kräutern heilt. Ingwer (S. 68), Bakope (S. 74), Niembaum (S. 118), Ashwagandha (S. 250), Sandelholz (S. 274) und viele andere haben eine lange Tradition in der Medizin des Ayurveda.

Die drei *doshas*

Im Ayurveda gilt alle Materie als aus fünf Elementen zusammengesetzt: Raum, Luft, Feuer, Wasser und Erde. In jedem Menschen herrscht einer von drei *doshas* (Körpertypen) vor: *vata* (von Luft und Raum beeinflusst), *pitta* (von Feuer und Wasser) und *kapha* (von Wasser und Erde). Bei einer Krankheit wird ein ayurvedischer Arzt dies berücksichtigen, wenn er ein Mittel zusammenstellt, das bis zu 25 Heilkräuter enthalten kann.

Diese Illustration aus dem 18. Jh. zeigt die vertikal übereinander liegenden sieben *chakras*.

Kräuter und *chakras*

Indische Herbalisten meinen, dass Kräuter die sieben *chakras* (Energiezentren) des Körpers beeinflussen. Die *chakras* verbinden unsere physische, emotionale, mentale und spirituelle Ebene mit unserer Lebensenergie (*prana*). Stärken wir die Balance der *chakra*-Felder mit Kräutern, kann sich unser Geist besser entfalten.

Kronen-*chakra* (auf dem Kopf) – *chakra* der spirituellen Integration, wird von Muskatnuss (S. 60), Wassernabel (S. 76) und Baldrian (S. 220) beeinflusst.

Stirn-*chakra* oder »drittes Auge« (zwischen den Brauen) – *chakra* der Klarheit und inneren Sicht, wird von Basilikum (S. 82), Helmkraut (S. 216) und Sandelholz (S. 274) ausgeglichen.

Hals-*chakra* (am Hals) – bestimmt unsere Kommunikationskräfte und wird von Gewürznelke (S. 64), Süßholz (S. 100) und Weihrauch (S. 258) ausgeglichen.

Herz-*chakra* (auf dem Brustbein) – ist das *chakra* der Liebe und reagiert auf die Energien von Safran (S. 228) und Rose (242).

Solarplexus-*chakra* (am Nabel) – lenkt die persönliche Stärke und wird von Schwarzem Pfeffer (S. 84) Kanadischer Gelbwurz (S. 102) und Dost (S. 104) beeinflusst.

Kreuz-*chakra* (genau unter dem Nabel) – das chakra der kreativen und sexuellen Energie wird von Fenchel (S. 122) und Koriander (S. 226) ausgeglichen.

Wurzel-*chakra* (an der Basis des Rückgrats) – das *chakra* der ersten Bewegung der Energie und unserer Motivation wird von Ashwagandha (S. 250) ausgeglichen.

Traditionelle Chinesische Medizin

Die Traditionelle Chinesische Medizin (TCM) entwickelte sich vor etwa 4500 Jahren im Zuge der taoistischen Philosophie. Zur Behandlung ihrer Patienten greifen die TCM praktizierenden Ärzte auf Massagen, körperliche Übungen, Meditation und mehr als 2000 Kräuter zurück

Heilende Energien

Im Taoismus gelten alle Phänomene der Welt, von den Sternen bis zum Floh, als Ergebnis des Zusammenspiels von *yin* (dunkel, kühl, feucht, innerlich) und *yang* (hell, warm, trocken, äußerlich), die eine fortgesetzte Spirale des Wandels erzeugen. Die taoistischen Meister erschmeckten das *yin* oder *yang* bestimmter Kräuter. So gilt Salbei (S. 164) als kühlendes *yin*, Ingwer (S. 68) als wärmendes *yang*. Der jedem Kraut zuerkannte Geschmack (bitter, süß, scharf, salzig, sauer) repräsentiert zugleich jeweils eines der Fünf Elemente (Feuer, Erde, Metall, Wasser, Holz), durch die die Menschheit mit der Natur verbunden ist.

Außerdem unterscheidet der Taoismus drei Arten von Körperenergien, die **Drei Schätze**: *Jing* ist die Nahrungsenergie, die durch Essen und Kräuter genährt, durch Stress geschwächt wird. Kräuter wie Glockenwinde (S. 140) und Ginseng (S. 158) regenerieren das *jing*. *Chi* (auch *qi* geschrieben) ist die Lebensenergie, die auf den Meridianen genannten Bahnen den Körper durchfließt. Fließt das *chi* frei, geht es uns gut. Süßholz (S. 100) begünstigt diesen freien Fluss. **Shen** ist die spirituelle Energie, die das Bewusstsein stärkt. Der Lackporling (S. 148) gilt als »Kraut der spirituellen Potenz«. Noch geschätzter ist das Spaltkölbchen (S. 108), da es allen **Drei Schätzen** dient.

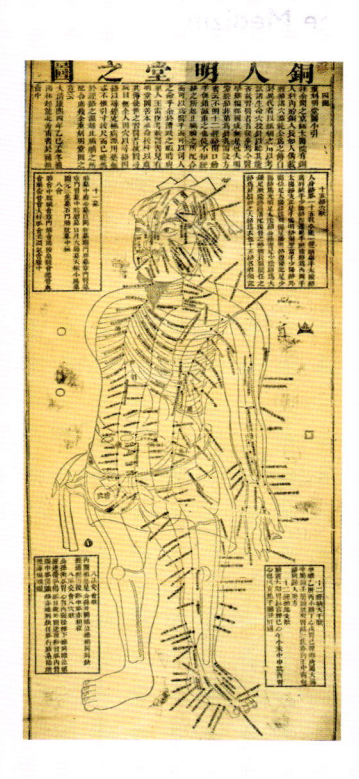

Diagnose und Behandlung

Als ganzheitliches System beachtet die TCM das *yin* und *yang*, die Fünf Elemente, das *jing*, *chi* und *shen* jedes Patienten, dazu Puls, Atmung, Zunge und Haut. Natürlich wissen die nach der Methode arbeitenden Ärzte, dass beispielsweise hinter einer Erkältung ein Virus steckt. Doch ihr Ziel ist es, das Ungleichgewicht auszugleichen, das dem Virus das Eindringen in den Körper ermöglichte.

Zur Behandlung werden meist Kräutermischungen eingesetzt, etwa die aus Ginseng, Tragant (S. 96) und Süßholz, die alle drei Körpersysteme harmonisieren und das Immunsystem stärken – die beste Voraussetzung für den Erfolg der Selbstheilungskräfte.

Diese chinesische Illustration aus dem 19. Jh. zeigt die Meridiane, durch die die Energie zum Erhalt der Gesundheit frei fließen muss.

19

Zubereitungen mit Kräutern

Damit man die Wirkstoffe der Kräuter therapeutisch nutzen kann, muss man sie zur inneren oder äußeren Anwendung zubereiten. Bei jedem im Kräuterführer (S. 46–275) beschriebenen Kraut finden sich Zubereitungsarten, deren Standardmethoden im Folgenden beschrieben werden. Halten Sie sich immer genau an die Mengenangaben der Rezepte im Kräuterführer.

Zur inneren Anwendung

Aufguss: Den Aufguss (Tee) bereitet man aus zarten, getrockneten oder frischen Blättern und Blüten. Man übergießt die angegebene Kräutermenge mit 1 Tasse kochend heißem Wasser und lässt sie bedeckt 10 Minuten ziehen. Durch ein feines Sieb abseihen und innerhalb von 24 Stunden heiß oder kalt trinken.

Abkochung: Zubereitungsart für harte Pflanzenteile wie Rinde und Wurzeln. Die empfohlene Kräutermenge in einem feuerfesten Glas- oder Emailgefäß mit 750 ml kaltem Wasser übergießen. Zum Kochen bringen und etwa 1 Stunde köcheln lassen, bis die Flüssigkeit um ein Drittel eingekocht ist. Durch ein feines Sieb abseihen und innerhalb von 24 Stunden heiß oder kalt trinken.

Tinktur: Für eine Tinktur werden Kräuter mit Alkohol (wie Wodka) angesetzt. Die angegebene Kräutermenge in ein sauberes, verschließbares Glasgefäß geben und mit 1 l Wodka-Wasser-Mischung (²/₃ Wodka, ¹/₃ Wasser) bedecken. Verschließen und gut schütteln. 14 Tage an einen kühlen, dunklen Ort stellen und täglich schütteln. Durch ein Mulltuch abseihen und dabei gut ausdrücken. Tinktur in eine Flasche abgefüllt kühl und dunkel aufbewahren. Die empfohlene Menge der Tinktur vor der Einnahme mit 30 ml Wasser oder Saft verdünnen.

Kapsel: Bittere oder sehr scharfe Kräuter kann man in pulverisierter Form selbst in Kapseln zum Einnehmen abfüllen. Besorgen Sie sich in der Apotheke leere Kapselhüllen für 500 mg Inhalt (Größe 00), in die Sie selbst das pulverisierte Kraut einfüllen. Man zeigt Ihnen in der Apotheke, wie das am besten geht. Die selbst gefüllten Kapseln kann man in einem dunklen Schraubglas bis zu 4 Monate aufbewahren.

Während Aufgüsse ziehen oder bis zum Genuss stehen, muss man sie immer bedecken, damit die ätherischen Öle, die die Wirkstoffe enthalten, nicht entweichen.

Kräuterwein: Zur Einnahme von belebenden oder verdauungsfördernden Kräutern gibt man die angegebene Menge der entsprechenden Kräuter in ein verschließbares Glasgefäß, bedeckt sie mit 1 l Weiß- oder (besser) Rotwein und lässt die Mischung 2–6 Wochen ziehen, dann abgießen. Wegschütten, falls sich Schimmel bildet.

Zur äußeren Anwendung

Dampfinhalation: Eingeatmet wirken heiße Kräuterdämpfe lösend, als Gesichtsdampfbad (S. 24) hautreinigend. Man gibt 2 Hände voll frische oder 3 EL getrocknete Kräuter in eine Schüssel und begießt sie mit 1,5 l kochendem Wasser. Man hält den Kopf über die Schüssel, bedeckt beides zusammen mit einem Frotteehandtuch, schließt die Augen und atmet, sobald die Hitze erträglich ist, den Dampf 10–15 Minuten lang ein.

Durch das Einatmen heißer Kräuterdämpfe können die wirksamen Bestandteile direkt in die Lungen, Bronchien oder Nebenhöhlen gelangen.

Umschlag: Kräuter oder eine aus diesen zubereitete Paste wird auf die Haut aufgebracht, um Entzündungen oder andere Hautirritationen zu lindern. Pulverisierte getrocknete oder fein gehackte frische Kräuter werden mit kochend heißem Wasser zu einer breiigen Paste vermischt. Die Paste wird, so heiß man es eben vertragen kann, direkt auf die entsprechende Hautstelle aufgebracht und mit Gaze oder Verbandmull umwickelt. 2–3 Stunden einwirken lassen, eventuell wiederholen.

Kompresse: Heiße Kompressen dienen ebenfalls zur Linderung von Entzündungen und anderen Irritationen. Man bereitet mit den empfohlenen Kräutern einen Aufguss oder eine Abkochung zu und tränkt Watte, Verbandmull oder ein sauberes Leinentuch mit der heißen Flüssigkeit. Nachdem man die überschüssige Flüssigkeit ausgedrückt hat, legt man die Kompresse auf die Haut und lässt sie einwirken, bis sie sich abgekühlt hat oder getrocknet ist. Nach Bedarf wiederholen.

Ölauszug: Um ein Öl für Massagen herzustellen, gibt man die Blätter und/ oder Blüten frischer Kräuter in ein verschließbares Glasgefäß und füllt mit Olivenöl auf. Man lässt das Glas 2–3 Wochen auf einem sonnigen Fensterbrett stehen, rührt täglich einmal durch, filtert das Öl dann durch ein Mulltuch ab und füllt es in dunkle Glasflaschen, in denen es sich 6–12 Monate hält. Für einen stärkeren Auszug verwendet man das abgegossene Öl und setzt es erneut mit frischen Kräutern an.

Kräuter in der Kosmetik

In einer Welt voller Giftstoffe kann nur die eigene Herstellung von Kosmetika garantieren, dass die verwendeten Zutaten rein und frisch sind. Reinigungs- und Feuchtigkeitscremes, Gesichtswasser, Packungen, Kräuterseifen, Produkte zur Haar-, Nagel- und Fußpflege, all das kann man sich selbst herstellen. Ein paar Rezepte finden sich bei den in diesem Buch vorgestellten Kräutern. Zwei der einfachsten Möglichkeiten, die kosmetischen Eigenschaften der Kräuter zu nutzen, sind Gesichtsdampfbäder und Kräuterbäder.

Gesichtsdampfbäder

Mit einem Gesichtsdampfbad erreicht man eine porentiefe Reinigung der Gesichtshaut. Durch die Hitze wird Schweiß gebildet, der Giftstoffe ausspült, die Blutzirkulation wird angeregt, die Haut wird weich, die Poren öffnen sich und können die Wirkstoffe der Kräuter aufnehmen. Zur Vorbereitung des Dampfbads reinigen Sie Ihr Gesicht mit ihrem üblichen Reiniger. Dann bereiten Sie das Dampfbad wie auf S. 22 beschrieben zu. Für normale Haut verwenden Sie Brennnessel (S. 190), Lavendel (S. 202) oder Kamille (S. 204); bei fettiger Haut Ringelblume (S. 120), Salbei (S. 164) oder Schafgarbe (S. 170); bei trockener Haut Frauenmantel (S. 114), Blüten und Blätter des Märzveilchens (S. 134), Petersilie (S. 180) oder Borretsch (S. 198) und für die reife oder fahle Haut Holunderblüten (S. 106), Löwenzahn (S. 186) oder Blätter und Blüten von Wiesenklee (S. 188). Nach dem Dampfbad das Gesicht lauwarm, nach 5 Minuten nochmals kalt abwaschen. Damit sich die Poren schließen mit verdünntem Kräuteressig (S. 32) oder Aufguss von Holunderblüten, Pfefferminze (S. 58), Salbei oder Schafgarbe abtupfen.

Kräuterbäder

Zur Bereitung des Bades geben Sie eine Handvoll der gewählten Kräuter in ein Stoffsäckchen, binden es zu und legen dieses ins Badewasser. Oder mischen sie 1 l Aufguss oder Abkochung (S. 20) in das Wasser. Entspannen Sie mindestens 10 Minuten in dem warmen (nicht zu heißen) Wasser. Um mit einem Kräuterbad den Kreislauf anzuregen, setzt man dem Wasser Lorbeer (S. 80), Basilikum (S. 82) oder Fenchel (S. 122) hinzu. Rosmarin

(S. 86) lindert Muskelschmerzen. Für ein Entspannungsbad können Sie ein beliebiges Kraut der auf den Seiten 194–221 genannten Kräuter wählen. Gegen Hautjucken und Muskelverspannungen empfiehlt sich ein Bad mit Kräuteressig. Geben Sie dazu 500 ml mit Kräutern versetzten Apfel- oder Weinessig (S. 32) ins Badewasser. Für zarte und glatte Haut sorgt ein Milchbad: Geben Sie 3 EL Vollmilchpulver zusammen mit 1 Handvoll frischer Holunder- (S. 106), Kamillen- (S. 204) oder Lindenblüten (S. 218) in einem Stoffbeutel ins Badewasser.

Verwendung ätherischer Öle

Ätherische Öle sind die konzentrierten aromatischen Stoffe einer Duftpflanze. Die Stoffe befinden sich in bestimmten Zellen der Blüten, Blätter, Samen, Schalen, Wurzeln oder anderen Teilen der Pflanzen. Mehr als 400 dieser Stoffe sind inzwischen bekannt und können extrahiert werden, rund 100 davon sind im Handel.

Das ätherische Öl verleiht der Pflanze ihren Geruch und trägt zu ihren therapeutischen Eigenschaften bei. Für die Pflanze selbst hat es schützende Wirkung, für uns ist der Duft das Verlockendste. Die Aufnahme der Stoffe wirkt sich unmittelbar auf Körper, Geist und Seele aus, so kann ein ätherisches Öl die Stimmung heben, beruhigend oder anregend wirken.

Den Duft einfangen

Wir können riechen, weil Dinge wie Blumen oder Nahrungsmittel Duftmoleküle in die Luft verströmen, die beim Einatmen auf die Duftrezeptoren unserer Nasenschleimhäute treffen. Von dort wird durch Nervenbahnen ein elektrischer Impuls an unser Gehirn weitergeleitet. Deshalb lösen Gerüche auch so leicht Erinnerungen aus – riechen wir etwas, das wir mit einem früheren Ereignis verknüpfen, so ist auch dieses Ereignis wieder präsent.

Man kann die aromatischen Moleküle in Trägersubstanzen wie Öl oder Alkohol einfangen. Gibt man beispielsweise frische Jasminblüten in eine ansonsten geruchsneutrale Fettcreme, so nimmt sie den Duft der Blüten an. Die Industrie nutzt diese Möglichkeit zur Herstellung ätherischer Öle, indem sie die Aromastoffe ausdestilliert und konzentriert. Für 30 g ätherisches Rosenöl braucht man etwa 60 000 Rosenblüten.

Anwendung ätherischer Öle

Die bekannteste Verwendungsform der Öle ist die Aromatherapie: Dazu kann man das ätherische Konzentrat mit einem Trägeröl (etwa Mandelöl) vermischen und als Massageöl verwenden. Oder man bereitet einen Raumspray damit zu, den man zur Luftverbesserung, gegen Insekten und zur Stimmungsaufhellung versprüht. Bei einigen im Kräuterführer (S. 46–275) beschriebenen Kräutern finden sich Rezepte für solche Sprays, zum Beispiel ein Pfefferminz- (S. 59) oder ein Nelkenspray (S. 65).

Warnhinweis

Ätherische Öle sind sehr wirkstark. Verwenden Sie nie mehr als die angegebene Menge und immer mit einem Trägeröl vermischt, wenn Sie sie auf die Haut auftragen. Aufpassen, dass nichts davon in die Augen kommt, und niemals einnehmen. Schwangere, Allergiker oder chronisch Kranke müssen vor der Verwendung den Rat eines Aromatherapeuten einholen!

Ätherisches Öl als Lernhilfe

Wer sich auf eine Prüfung vorbereitet, kann ein ätherisches Öl (etwa Basilikum, Rosmarin oder Zitrone) auf die Seiten des Lehrbuchs tröpfeln und beim Lernen den Duft aufnehmen. (Für jeden Themenbereich einen eigenen Duft wählen.) Am Prüfungstag tropft man Öl auf Taschentücher und verwahrt sie in verschlossenen Plastiktütchen. Riecht man während der Klausur daran, wird die Erinnerung der relevanten Hirnregion angeregt, das Gelernte ist wieder präsent. **27**

Kräuter im häuslichen Bereich

Noch vor 500 Jahren wäre ein Haushalt ohne die Nutzung von Kräutern zur Reinigung gegen Ungeziefer oder zu anderen Zwecken undenkbar gewesen. Wir und auch unsere Umwelt können davon profitieren, wenn wir die alten Hausmittel wiederbeleben.

Am einfachsten ist es, ein paar frische Kräuter in einer Vase oder einem Blumentopf ins Zimmer zu stellen. Balsamkraut, Basilikum, Lorbeer, Ringelblume, Nachtkerze, Ysop, Wacholder, Lavendel, Melisse, Pfefferminze, Rosmarin, Salbei, Süßdolde, Myrte und Thymian sind eine gute Wahl, um die Raumluft zu reinigen. Pflanzenteile von Lavendel, Rosmarin, Salbei, Thymian und Wacholder kann man gut im Kaminfeuer verbrennen, was ebenfalls Duftstoffe freisetzt.

Eine Vase oder ein Topf mit Lavendel auf das Fensterbrett, eine Kommode oder den Kaminsims gestellt, sorgt für reine Luft und hebt die Stimmung.

Zimt und Gewürznelken im Bücherregal verstreut, hält Ungeziefer fern, und ein Topf mit Lavendel neben dem Telefon setzt beruhigende Düfte frei, wenn man während eines stressauslösenden Gesprächs mit der Hand hindurchfährt.

Gegen Kochdünste und Fliegen hilft folgender Potpourri aus getrockneten Kräutern: Mischen Sie je 1 Teil Zitronen- und Orangenschale, Basilikum- und Niembaumblätter sowie Kamillenblüten mit je 2 Teilen Pfefferminz- und Lorbeerblättern und mischen Sie zuletzt noch ein paar zerstoßene Gewürznelken hinein. Für einen Sud zur Reinigung der Arbeitsflächen lassen Sie je 3 Handvoll frischen oder getrockneten Rosmarin, Thymian und Oregano in 4 Tassen Wasser 15 Minuten bedeckt köcheln, dann durch ein Haarsieb abgießen.

Legen oder hängen Sie Baumwollsäckchen, gefüllt mit aromatischen Kräutern, (Balsamkraut, Lavendel, Rosmarin, Engelwurz und Niem sind geeignet) zwischen Kleider und Wäsche im Schrank. Es verleiht Duft und vertreibt Motten. Zur Förderung des Schlafs dient ein Lorbeerkissen (S. 80).

Aus Beinwell können Sie nach dem Rezept auf S. 127 einen natürlichen Kaliumdünger herstellen. Nach dem gleichen Rezept bereitet man aus Brennnesseln einen Spray gegen Blattläuse, und einige gehackte Blätter der Schafgarbe unter den Kompost gemischt beschleunigt den Zersetzungsprozess.

Die Luft im Haus reinigen

Da viele künstliche Baumaterialien, Farben, Hölzer, Teppichböden, Putzmittel und so weiter Giftstoffe ausdünsten können, sind wir in unseren Häusern von allerlei Toxinen bedroht, die eine gefährliche Mischung eingehen können. Kann obendrein nicht ausreichend gelüftet werden, ist oft eine Krankheit die Folge. Zeigen mehrere Mitarbeiter an einem Arbeitsplatz Symptome wie Hautausschlag, brennende Augen, Kopfschmerzen, leichte Ermüdung, gar Erschöpfung, dann könnte es an der verunreinigten Raumluft liegen. In Amerika spricht man hier vom »sick building syndrome«.

Hilfe von der NASA

Zum Glück für uns hat die NASA erkannt, dass dieses Problem auch die Astronauten in den Raumstationen betreffen kann, und 50 Zimmerpflanzen ermittelt, die in der Lage sind, Gase und andere Verunreinigungen aus der Raumluft auszufiltern. Unter diesen sind die Top Ten: Herzblatt-Philodendron (*Philodendron scandens* »oxycardium«), Elefantenohr-Philodendron (*Philodendron domesticum*), Maiskolben-Drachenbaum (*Dracaena fragrans* »Massangeana«), Efeu (*Hedera helix*), Grünlilie (*Chlorophytum comosum*), Janet-Craig-Drachenbaum (*Dracaena deremensis* »Janet Craig«), Warneck-Drachenbaum (*Dracaena deremensis* »Warneckii«), Birkenfeige (*Ficus benjamina*), Efeutute (*Epipremnum pinnatum*) und Einblatt (*Spathiphyllum* »Mauna Loa«).

In der New Yorker Börse schützt man sich durch den Säulenkaktus Cereus uruguayanus vor den Emissionen der Computer und Elektrogeräte. Dieser Kaktus hat nicht nur hübsche und duftende weiße Blüten, er scheint auch tatsächlich den »Elektrosmog« zu verringern.

Pflanzen in der Wohnung

Als Faustregel gilt: Eine der zuvor genannten Zimmerpflanzen je 9 m² Wohnraum. Wenn möglich sollte man mehrere Pflanzen zusammen arrangieren und Rosmarin, Thymian oder Lavendel zwischen sie stellen, denn diese vertragen trockene Luft und verströmen antiseptische ätherische Öle. Die Pflanzen reinigen die Luft und versorgen sie mit frischem Sauerstoff.

Die NASA fand heraus, dass die Grünlilie (*Chlorophytum comosum*) aus einem Versuchsraum in nur 24 Stunden 95 Prozent des dort versprühten Formaldehyds ausfilterte.

Kräuter in der Ernährung

Eine der angenehmsten Möglichkeiten von den Qualitäten der Kräuter zu profitieren ist, sie zu essen. Sie bereichern den Geschmack, verleihen Duft und stecken voller Vitamine, Mineralien und Spurenelemente. Verwenden Sie die Kräuter möglichst frisch oder machen Sie sie auf eine der drei folgenden Weisen haltbar:

Kräuteressig: Frische Blätter oder Samen zerdrücken, locker in eine saubere Flasche füllen und mit warmem (nicht heißem) Apfel- oder Weinessig bedecken. 14 Tage auf ein sonniges Fensterbrett stellen, täglich durchschütteln. Für eine stärkere Essenz den Vorgang mit frischen Kräutern, aber demselben Essig wiederholen. Den Sud samt Kräutern oder durch ein Mulltuch gefiltert aufbewahren.

Blütenessig: Wird mit Klee-, Holunder-, Lavendel-, Orangen- oder Rosenblüten hergestellt wie Kräuteressig. Sparsam zur Aromatisierung von Fruchtdesserts wie Obstsalaten verwenden.

Kräuteröl: Kulinarischen Zwecken dienendes Kräuteröl wird wie der auf S. 23 beschriebene Ölauszug zubereitet, doch wählt man ein geschmacksneutrales Öl (Sonnenblumen- oder Maiskeimöl). Geeignete Kräuter sind Basilikum, Knoblauch, Fenchel, Oregano, Minze, Rosmarin oder Thymian.

Basilikum, Lorbeer, Dill, Estragon, Fenchel, Melisse, Oregano, Pfefferminze, Rosmarin und Thymian sind, allein oder in Kombination verwendet, geeignete Kräuter für einen Kräuteressig.

Blütenessenzen

Der Lehrmeinung von Dr. Edward Bach zufolge, der in den 1930er Jahren seine Arztpraxis in London aufgab, um mit natürlichen Mitteln zu heilen, verfügen Blütenessenzen über ein vibrierendes Muster an energetischen Heilkräften. Diese vermögen geistige und emotionale Ungleichgewichtigkeiten zu korrigieren und können durch Sonnenlicht auf Wasser übertragen werden. Bei den in diesem Buch aufgeführten Pflanzen habe ich auf diejenigen hingewiesen, deren Blütenessenzen dem spirituellen Wachstum dienlich sind. Welche man wählt, ist eine Frage des eigenen inneren Wachstumsprozesses und der Intuition. Stellt man selbst Blütenessenzen her, sollte man selbst sowie die Umgebung positiv gestimmt und friedvoll sein.

Blütenessenzen herstellen

1 Sie brauchen: Glasplatte, Schere, Pinzette, 2-l-Glasschüssel, 1 l reines Wasser, 2 verschließbare 1-l-Glasflaschen je halb mit Branntwein gefüllt.

2 Alle Geräte mit heißem Seifenwasser reinigen. Gut klar spülen, die gereinigte Schüssel nur noch von außen berühren.

3 Man nähert sich der Pflanze an einem sonnigen Morgen (nach Verflüchtigung des Taus) respektvoll und meditativ, um Verbindung mit ihrer Lebenskraft aufzunehmen.

4 Knapp vor der völligen Öffnung stehende Blüten, ohne sie anzufassen oder an ihnen zu riechen, abschneiden und mit der Glasplatte auffangen.

5 Die Glasschüssel mit reinem Wasser füllen und in die Sonne stellen, möglichst neben der Pflanze, deren Blüten man wählte.

6 Die Blütenblätter mit Schere und Pinzette (nicht den Fingern) abtrennen, Pollen und Insekten abschütteln, einzeln in das Wasser legen.

7 Eine Minute mit dem Geist der Pflanze meditieren und bitten, dass sich die Heilkräfte durch das Sonnenlicht auf das Wasser übertragen. Die Schüssel drei Stunden in der Sonne stehen lassen.

8 Die Blütenblätter mit der Pinzette aus dem Wasser entfernen. Das Blütenwasser in die Flaschen mit dem Branntwein füllen, verschließen, etikettieren und datieren. Diese Muttertinktur hält sich Jahre. Zur Verwendung 2 Tropfen der Muttertinktur in ein 30-ml-Fläschchen geben und mit Branntwein auffüllen (entspricht dem Verdünnungsgrad käuflicher Bachblüten).

Dosierung: Bei den jeweiligen Kräutern ist die empfehlenswerte Dosierung der Essenz angegeben. Üblicherweise gibt man 2 Tropfen aus der 30-ml-Flasche in ein Glas Wasser oder nimmt die 2 Tropfen direkt unter die Zunge.

Einen Kräutergarten anlegen

Im eigenen Garten kann man die Kräuter, deren gute Eigenschaften man nutzen möchte, selbst anbauen. Man kann Kräuter im Gemüse- wie im Blumenbeet ziehen, doch auch in Töpfen oder Kübeln auf der Terrasse oder dem Balkon, ja man kann Töpfe sogar ins Haus holen. Da die meisten Kräuter Wildpflanzen sind, gedeihen sie problemlos. Man muss nur den richtigen Standort, die richtige Erde und die angemessene Größe des Pflanzgefäßes wählen.

Die richtige Stelle im Garten finden

Um eine möglichst große Zahl verschiedener Kräuter ziehen zu können, wählt man einen überwiegend sonnigen Standort mit gut entwässertem Boden. Mit einer Hecke oder einem Windschirm schützt man die Pflanzen vor Zug. Außerdem hält man damit die Duftstoffe am Ort, was wiederum Bienen und Schmetterlinge lockt. Solche Hecken oder Windschirme kann man sehr erfindungsreich gestalten.

Raum zum Pflücken lassen

Planen Sie einen Kräutergarten, so empfiehlt es sich, die rechteckigen, runden oder frei gestalteten Beete nicht zu breit anzulegen (maximal 1,5 m), damit Sie die Kräuter zur Ernte leicht erreichen können. Die Wege zwischen den Beeten sollten Sie mit Platten pflastern, damit Sie auch bei Regenwetter rasch ein paar Zweige Petersilie oder Basilikumblättchen zur Verwendung in der Küche zupfen können. Die Einfassung der Beete und die Plattierung der Wege können Sie frei gestalten, doch sollten Sie auf natürliche oder recycelte Materialen zurückgreifen.

Kräuter pflanzen

Schauen Sie im Kräuterführer (S. 46–275) nach, welche Bedingungen an Standort und Boden die Kräuter stellen, die Sie ziehen möchten. Positionieren Sie die Pflanzen diesen Bedingungen entsprechend. Setzen Sie nicht mehr als 10 Pflanzen auf einen Quadratmeter. Um eine im Topf gekaufte Pflanze ins Freibeet umzusetzen, gräbt man ein Loch, das größer ist als der Topf, füllt etwas Komposterde ein, setzt die Pflanze hinein, füllt mit Kompost auf, drückt die Pflanze leicht fest und wässert gut.

Man braucht keinen großen Garten um Kräuter zu ziehen. Viele Kräuter gedeihen auch in Töpfen auf der Terrasse, auf dem Balkon oder dem Küchenfensterbrett.

Terrassen-, Balkon- oder Dachgarten

Dieser Plan gilt als Anregung, wie man seine Kräuter auf einer Terrasse, einem Balkon oder Dachgarten arrangieren könnte.

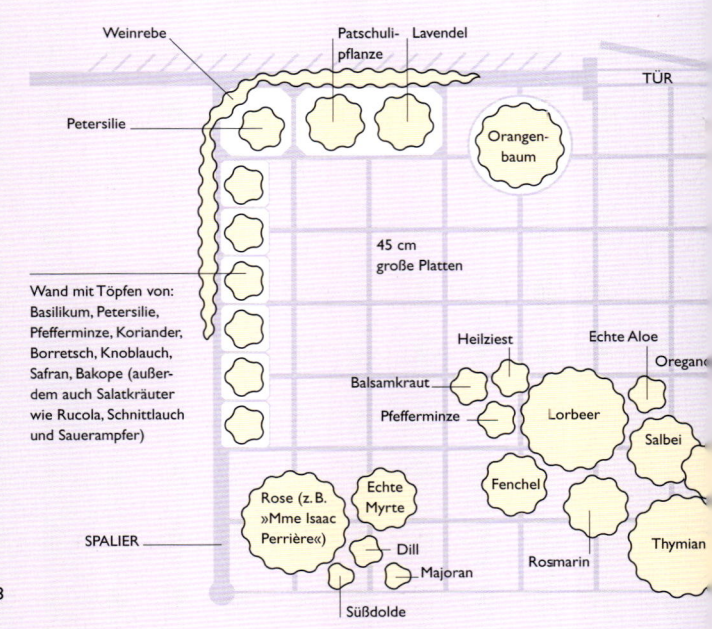

Weinrebe

Patschuli-pflanze   Lavendel

TÜR

Petersilie

Orangen-baum

45 cm
große Platten

Wand mit Töpfen von:
Basilikum, Petersilie,
Pfefferminze, Koriander,
Borretsch, Knoblauch,
Safran, Bakope (außer-
dem auch Salatkräuter
wie Rucola, Schnittlauch
und Sauerampfer)

Heilziest

Echte Aloe

Oregano

Balsamkraut

Pfefferminze

Lorbeer

Salbei

Fenchel

Rose (z.B.
»Mme Isaac
Perrière«)

Echte
Myrte

SPALIER

Dill

Thymian

Majoran

Rosmarin

Süßdolde

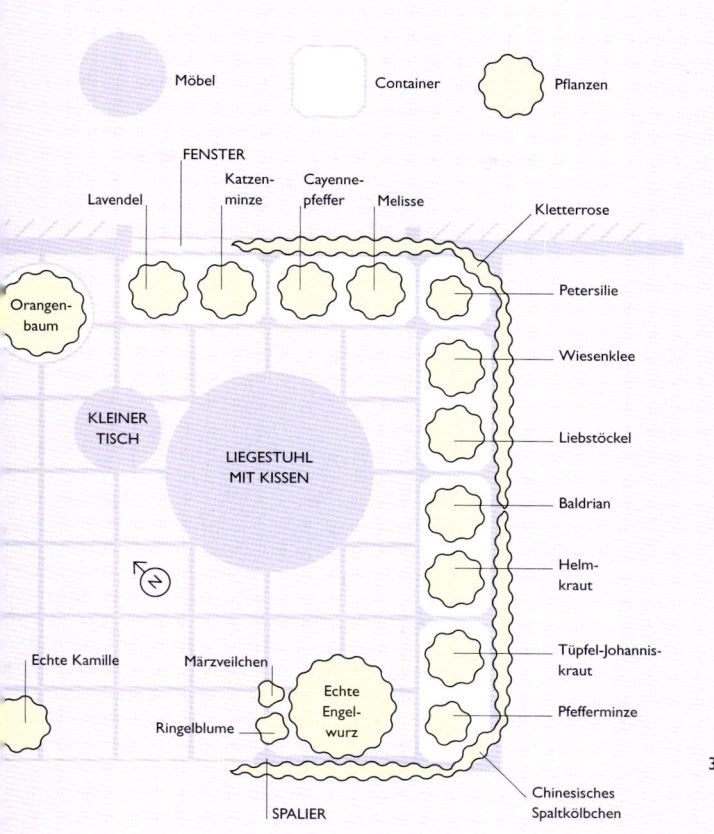

Möbel · Container · Pflanzen

FENSTER

Lavendel · Katzenminze · Cayennepfeffer · Melisse · Kletterrose

Orangenbaum

Petersilie

Wiesenklee

KLEINER TISCH

LIEGESTUHL MIT KISSEN

Liebstöckel

Baldrian

Helmkraut

Tüpfel-Johanniskraut

Echte Kamille · Märzveilchen · Echte Engelwurz · Pfefferminze

Ringelblume

SPALIER

Chinesisches Spaltkölbchen

Vermehrung der Kräuter

Im Kräuterführer (S. 46–275) wird bei jeder Pflanze ein Hinweis darauf gegeben, welche der hier im Folgenden kurz beschriebenen Vermehrungsmethoden für die jeweilige Pflanze die erfolgversprechendste ist. Oft wird hierbei die Anzucht im Gewächshaus empfohlen, ein Kleinstgewächshaus (eine Schale mit Abdeckhaube) tut es aber auch.

Samen: Samen werden entweder direkt im Freien ins Beet gesät oder (bei empfindlicheren Arten) in ein entsprechendes Substrat in eine Anzuchtschale gegeben. Wird die »Oberflächenaussaat« empfohlen, so heißt das, die Samen werden einfach auf die Erde gestreut (Licht löst dann die Keimung aus), mit einer dünnen Erdschicht bedeckt und vorsichtig gewässert.

Die gepunkteten Linien bezeichnen die Schnittstellen.

1. Mit dem Messer eine Triebspitze unterhalb einer Blattachsel abschneiden. Dort treiben neue Wurzeln aus.
2. Die unteren Blattpaare mit dem Messer entfernen.
3. Die Triebspitze abscheiden (befördert buschiges Wachstum), es bleiben nur die gelb abgebildeten Teile.

Sät man in eine Schale aus, bedeckt man die Schale mit einer Glasplatte und einem Stoß Papier. Täglich prüfen, ob die Keimung beginnt. Wenn Sämlinge erscheinen, Papier und Glasplatte entfernen. Haben die Pflänzchen 6–12 Blätter, in individuelle Töpfe umsetzen (pikieren).

Teilung: Diese Methode eignet sich für buschige mehrjährige Stauden. Die reife Pflanze ausgraben, mit einem Spaten, Messer oder zwei Rücken an Rücken gehaltenen Forken teilen und die getrennten Teile einzeln in den vorbereiteten Boden neu einpflanzen.

Wurzelstecklinge: Kräuter mit kräftigen Wurzeln oder Rhizomen im Frühling oder Herbst ausgraben und die Wurzeln in 10–20 cm lange Stücke schneiden. An jedem müssen sich dünne Haarwurzeln oder Knospen befinden. Die Wurzelstücke entsprechend der Wuchsrichtung in lockeres Substrat setzen. Regelmäßig wässern.

Stecklinge: Stecklinge kann man im Herbst von verholzten (sie bewurzeln über den Winter), im Frühjahr oder Sommer von halbverholzten oder weichen Trieben abnehmen. In diesem Buch werden zumeist weiche Trieb- oder Kopfstecklinge empfohlen. Die wie nebenstehend beschrieben vorbereiteten Stecklinge werden in ein Torf-Sand-Gemisch oder ein anderes nährstoffarmes, gut entwässerndes Substrat gesetzt und angedrückt. Die Anzuchttöpfe eher schattig stellen. Die Blätter mit Wasser besprühen, bis sich Wurzeln bilden.

Kräuter ernten, trocknen und lagern

Als Faustregel gilt: Kräuter, die man nicht sofort in der Küche verbrauchen will, werden an einem warmen Morgen gleich nach dem Verdunsten des Taus geerntet. Ernten Sie nur von einer Pflanzenart und nicht mehr als zwei Drittel der Einzelpflanze. Waschen Sie die Stängel nur, wenn es absolut nötig erscheint und schütteln Sie sie trocken.

Im Kräuterführer (S. 46–275) gebe ich nur Informationen zur Ernte der Pflanzenteile, die für die beschriebenen Zubereitungen benötigt werden. Folgendes ist für die einzelnen Teile grundsätzlich zu beachten:

Blätter: Sie enthalten kurz vor der Blüte die größte Wirkstoffkonzentration. Große Blätter schneidet man einzeln vom Stängel, kleine erntet man samt Stängel. Zum Trocknen in kleinen Bündeln kopfüber an einen warmen, schattigen Platz hängen, wo die Luft gut zirkulieren kann. Gelegentlich ist die Trocknung in der Sonne empfohlen. Die Blätter dann auf einem Tuch in der Sonne ausbreiten Die getrockneten Blätter (eventuell vorher von den Stängeln zupfen) in luftdicht schließende, saubere, dunkle Gläser schichten. Mit dem Namen des Krauts und dem Datum etikettieren und an einem trockenen, dunklen Ort aufbewahren. Kondenswasser im Glas ist ein Hinweis auf unzureichende Trocknung.

Blüten: Große Blüten wie die von Ringelblume oder Rose erntet man mittags, wenn sie voll geöffnet sind, und trocknet sie auf einem mit einem Tuch bedeckten Rost. Dicht mit kleinen Blüten besetzte Dolden oder Stängel (wie Holunder oder Lavendel) lässt man am Stängel und trocknet sie kopfüber hängend (was bis 3 Wochen dauern kann). Man kann sie, wie bei den Blättern beschrieben, als Ganzes in dunklen Gläsern lagern oder die Blütchen abtrennen. Sie sind 3–6 Monate lang verwendbar.

Samen: Die Samen sind reif, wenn sie nicht mehr grün sind; erst dann sollte man sie ernten. Man erntet die ganzen Stängel im Spätsommer oder Herbst und hängt sie kopfüber über offene Pappkartons, in denen sich die trockenen, ausfallenden Samen sammeln. Das dauert meist etwa zwei Wochen. Man verstaut die Samen in verschließbaren Gläsern oder undurchsichtigen Papiertütchen, die man entsprechend beschriftet.

Wurzeln: Ausgegrabene Wurzeln reinigt man, schneidet sie in kleine Stücke und trocknet sie auf einem mit saugfähigem Papier belegten Backblech bei maximal 50 °C im Backofen, dessen Tür einen Spalt offen stehen sollte. Man lagert sie in beschrifteten dunklen Gläsern oder Papiertüten.

Harze: Bäume sondern bei Verletzungen der Rinde Harz ab, um damit die Wunde zu »heilen« und vor dem Eindringen von Mikroben zu schützen. Um Harz zu gewinnen, muss man den Baum durch Einschnitte in die Rinde oder kleine Abschälungen verletzen. Man lässt das Harz am Baum trocknen und schabt es dann ab. Es hält sich meist mehrere Jahre.

Gärtnern für den Geist

Denke ich über spirituelle Pfade nach, so fallen mir als Erstes die Wege durch die Natur ein. Wenn die Menschen der Frühzeit in einem heiligen Hain standen, spürten sie die Kraft der Bäume. Saßen sie nachts um das schützende Feuer, fühlten sie die beruhigende Wirkung des würzigen Rauchs. Bäume berühren uns durch ihre Macht und Majestät, doch die spirituellen Gaben der Natur sind auch in den kleinsten Kräutern spürbar.

Deshalb halte ich es für so wichtig, dass man sich in seinem Kräutergarten einen gemütlichen Sitzplatz einrichtet. Ständig haben wir so vieles zu erledigen und wie oft stehen wir dabei unter großem Zeitdruck. Ein Platz bei den Pflanzen lädt zum Innehalten ein. Während man dort sitzt und genießt, was man sich geschaffen hat, tritt man auch in engeren Kontakt zur Natur.

Wenn man an einem Kraut riecht, es berührt oder schmeckt, kann man den Geist befreien und sich ganz auf dieses Kraut konzentrieren. Man kann die Gedanken zu seinen Wurzeln reisen lassen und sich vorstellen, wie sie

Wasser und Nährstoffe aus dem Boden

aufnehmen, wie diese in den Stängel aufsteigen und der Pflanze Kraft verleihen. Man kann sich in eines der Blätter hineinversetzen, das gerade von einem Sonnenstrahl beschienen oder von Regentropfen benetzt wird. Bald wird man durch solche meditativen Übungen zu einem sehr viel leidenschaftlicheren Gärtner und die Pflanzen danken es mit üppigerem Wuchs.

Gaben der Natur

Wenn ich unter Stress stehe, gehe ich in den Garten und setze mich zu meinen Kräutern. Ich versuche mich zu entspannen, tief durchzuatmen, die »Seele baumeln zu lassen«. Ich betrachte meine Pflanzen, beobachte eine Nektar saugende Biene und spüre dabei, wie sich die Anspannung löst. Meine Sinne öffnen sich für die pflanzliche Atmosphäre, die mich umgibt und positiv stimmt. Was mich einengte, scheint sich zu verflüchtigen; die Probleme, die mir den Stress bereiteten, sind nicht gelöst, aber sie erscheinen mir weniger wichtig.

Man kann eine solche spirituelle Reise mit den Kräutern so weit ausdehnen, wie man will. Man kann sich vorstellen, jede Pflanze habe einem etwas mitzuteilen, und man kann danach streben, diese Mitteilung zu verstehen. Beginnen Sie mit Ihrer Lieblingspflanze: Riechen Sie ihren Duft, berühren Sie sie, treten Sie gedanklich mit ihr in Verbindung. Es können sich ungeahnte positive Erfahrungen einstellen, die Sie spüren lassen, dass Ihre Pflanze eine einzigartige Botschaft für sie hat. Ich zum Beispiel habe eine kleine freche Pflanze, die mich animiert, Witze zu erzählen!

Zweiter Teil: Kräuterführer

In diesem Abschnitt werden 105 Kräuter aus aller Welt vorgestellt, darunter bekannte Küchenkräuter, tropische Bäume, Wüstenstauden und Pilze. Die Kräuter werden je nach ihrem Heilungspotenzial in neun Gruppen zusammengefasst, denen jeweils ein Kapitel gewidmet ist. So befasst sich das 1. Kapitel mit stimulierenden Kräutern, die dem Körper neue Energie verleihen, das 9. Kapitel mit denen, die positiv auf Geist und Seele wirken.

Von jedem einzelnen der 105 Kräuter wird etwas über seine Heimat gesagt, über seine traditionelle Verwendung und die Legenden, die sich um es ranken. Sie erfahren, wie man die Kräuter selbst anbauen und welche Teile man wie am gewinnbringendsten für Körper und Geist anwendet. Ein Schatzkästchen also, in dem man nach Herzenslust stöbern kann.

I. KAPITEL

Stärkungs- und Anregungsmittel

Wenn Körper, Geist oder Seele neuen Antrieb brauchen, sind diese würzigen Kräuter genau das Richtige. In diesem Kapitel werden stimulierende, erfrischende Kräuter vorgestellt, die das Körpersystem morgens in Schwung bringen und auch zu jeder anderen Tageszeit neue Impulse verleihen.

Zu den wirkungsstärksten unter diesen Antriebskraft verleihenden Kräutern gehören die kühlende, allseits bekannte Pfefferminze, aber auch weniger bekannte wie das Balsamkraut mit seinem minzeartigen, leicht gewürzigen Aroma.

Auch einige Vertreter der sonnenverwöhnten Zitrusfamilie gehören hierher. Man denke nur daran, wie wohltuend es wirken kann, wenn jemand in einem überfüllten Zugabteil eine Orange schält und dabei die ätherischen Öle der Schale freisetzt. Von der erfrischenden Wirkung eines Glases selbst gemachter Zitronenlimonade an einem heißen Sommertag ganz zu schweigen.

Zu den ungewöhnlichsten Kräutern dieses Kapitels zählt fraglos der südamerikanische Guaranastrauch, dessen Samen ein das Herz und das zentrale Nervensystem anregendes Mittel liefern.

Die meisten der in diesem Kapitel vorgestellten Kräuter sind als Küchenwürze bekannt – Cayennepfeffer, Zimt, Muskatnuss, Gewürznelken und Ingwer. Sie alle revitalisieren den Körper, indem sie den Kreislauf anregen und dadurch wärmend wirken.

Einigen kurbeln auch die Verdauung an. So wird die Nahrung effektiver genutzt und die Energieproduktion verbessert.

Um einige der hier vorgestellten Kräuter ranken sich exotische Legenden: Sie gelten als Liebenszauber und sollen das Verlangen entfachen. Anderen sagt man nach, sie könnten die Stimmung heben, und wieder andere sollen das Bewusstsein erweitern und den Geist beflügeln.

Cayennepfeffer *Capsicum frutescens*

»Wer nur ein Kraut verwendet, der sollte Cayenne wählen«, lehrt der amerikanische Herbalist Dr. Schulze. Cayenne vermag den Kreislauf so anzuregen, dass frisches Blut, Sauerstoff und Nährstoffe quasi blitzschnell in alle Körperregionen gelangen. Kräuterkundige haben damit schon das Leben von Infarktpatienten gerettet. Der Herz, Kreislauf und Verdauung anregende Wirkstoff ist das Capsaicin, das in den Arten *Capsicum fructescens* und *C. annuum*, dem Gemüsepaprika, vorkommt. Bei empfindlichem Magen nur kleine Mengen verwenden.

Pflanzentyp: Immergrüner, mehrjähriger Strauch

Beschreibung: 1 m hoch, 1 m breit; leuchtend rote Früchte

Heimat: Tropischer Regenwald; Zentral- u. Südamerika

Verwendete Pflanzenteile: Früchte, Blätter

Anbau und Ernte

- Braucht gut entwässerten Boden an warmem, sonnigem Standort.
- Samen im Frühling im Gewächshaus aussähen. Außerhalb der Tropen einjährig.
- Blätter zu jeder Zeit, Früchte nur reif (rot) ernten. Zum Trocknen ganze Pflanze kopfüber aufhängen.

Legende und Tradition

- Schamanen gilt Cayenne als Visionen und raschen Kontakt mit den Geistern erzeugend.
- Mexikanische Indios nehmen es als Mittel gegen Folgen verdorbener Nahrung.

Für Geist und Seele

- 60 ml Trauben-, Apfel- oder Tomatensaft mit einer sehr großen Prise Cayennepulver hält bei langen Autofahrten munter.
- Zur Hebung des spirituellen Bewusstseins trinke man nach Bedarf 1 Tasse Aufguss (Rezept nebenstehend).

Für den Körper

- Zur Anregung von Kreislauf und Verdauung gibt man täglich ½ TL Cayenne ans Essen oder nimmt 3 × täglich mit den Mahlzeiten 1 mit Cayennepulver gefüllte Kapsel (S. 21).
- Frostbeulen bepinselt man mit Cayenne-Tinktur (Rezept nebenstehend).
- Gegen Cluster-Kopfschmerz Cayenneblätter mit dem Bügeleisen erhitzen und auf die Schläfen legen.

Hauptwirkungen

Regt Kreislauf an

Fördert Verdauung

Schmerzstillend

Zubereitungen

Aufguss: ½–1 TL Cayennepulver in 1 Tasse kochend heißes Wasser einrühren, nach Geschmack mit Honig süßen.

Tinktur: 60 g frische oder getrocknete Cayenneschoten fein hacken und mit 1 l Wodka-Wasser-Mischung bedecken. Standardmethode (S. 20)

51

Zimt *Cinnamomum verum*

Die Rinde dieser immergrünen Tropenbäume und -sträucher mit ihren weißen bis gelblichen Blüten liefert das als Zimt bekannte Gewürz. Das ätherische Zimtöl kann aus Rinde, Blättern und Wurzeln gewonnen werden und aromatisiert Nahrungsmittel, Zahnpasten, Kaugummi und Duftwässer. Zimt wurde traditionell zur Anregung der Verdauung und gegen Virusinfektionen eingesetzt. Gegenwärtig prüft die Forschung seine Wirkung als Hirnstimulans und Blutzuckerregulator.

Anbau und Ernte

- Anspruchslos, doch frostempfindlich; braucht Sonne oder Halbschatten. Samen in warmer Umgebung in feuchte, fruchtbare Erde setzen.
- 3-jährige Pflanzen in Bodenhöhe kappen, um neuen Austrieb von vielen Schösslingen anzuregen.
- Man erntet fingerdicke Schösslinge, entfernt die Außen- und Mittelrinde und schält die Innenrinde ab. Diese trocknen und zu Stangen rollen.

Pflanzentyp:
Immergrüner Baum

Beschreibung: 12 m hoch, 10 m breit; kleine weiße bis gelbe Blüten

Heimat: Grasländer; Sri Lanka

Verwerdete Pflanzenteile:
Rinde; ätherisches Öl (der Rinde, Blätter und Wurzeln)

Legende und Tradition

- Kaiser Nero ließ die Leiche seiner Frau mit einer Jahresproduktion Zimt verbrennen.
- Afrikanische Volksmagie kennt Zimt zur Reinigung, als Glücks- und Liebeszauber.
- In christlichen Kirchen wurden Duftkerzen mit dem Öl der Zimtsamen aromatisiert.

Für Geist und Seele

- Ein Raumspray mit Zimt (Rezept nebenstehend) regt die geistige Vitalität an.
- Zur Stärkung des Gedächtnisses mischt man 2 × täglich ¼ TL Zimtpulver unter sein heißes Lieblingsgetränk.

Für den Körper

- Als Mittel gegen Akne 1 TL Honig mit 1 TL Zimtpulver mischen, auf die Pickel auftragen, über Nacht einwirken lassen.
- Zur Blutzuckerstabilisierung dem Essen 2 × täglich ¼–½ TL Zimtpulver beigeben.
- Zimtkaffee (Rezept nebenstehend) ist ein aphrodisierendes Dessert als Krönung eines Liebesmahls.

Hauptwirkungen

Reguliert Blutzucker

Antimikrobiell

Wärmend

Zubereitungen

Raumspray: 3 Tropfen ätherisches Zimtöl (der Blätter) mit 25 ml Wasser in einem Zerstäuber mischen.

Zimtkaffee: 4–5 EL süße Sahne mit 1 TL Zucker, 1 Prise Muskatnuss und 1 Msp. Zimt steif schlagen. 2 TL Schokoladensirup in 1 Tasse heißen Kaffee rühren, die Sahne als Haube darauf setzen.

Zitrone *Citrus limon*

Schon um 700 baute man im Mittleren Osten Zitronen ihrer duftenden Blüten und Blätter wegen als Zierpflanze an, nutzte sie aber auch bald zur Aromatisierung von Speisen. Seit dem 14. Jahrhundert bereitete man Limonaden aus dem Saft der Früchte. Heute ist bekannt, dass der Saft antibakteriell und entgiftend wirkt. Je glatter die Schale, desto saftreicher sind die Früchte.

Pflanzentyp: Immergrüne Bäume und Sträucher

Beschreibung: 7 m hoch, 6 m breit; weiße Blüten, grüne Blätter

Heimat: Tropischer Regenwald; SO-Asien

Verwendete Pflanzenteile: Blüten, Blätter, Früchte, ätherisches Öl (der Schale)

Anbau und Ernte

- Die Bäume brauchen gut entwässerten, lehmigen Boden und volle Sonne. In kühlerem Klima als Kübelpflanze im Freien halten und im Wintergarten überwintern.
- Samen im Gewächshaus sähen, Pflanze 4 Jahre vor Frost schützen. Kopfstecklinge im Spätsommer schneiden, nach Bewurzelung in Kübel pflanzen.
- Früchte im Herbst ernten, frisch verwenden oder Saft einfrieren.

Legende und Tradition

- Im 16. Jahrhundert gab man englischen und holländischen Seeleuten auf Fahrt Zitronensaft zur Vermeidung von Skorbut.
- In Singapur und Afrika nutzten britische Siedler Zitronensaft und -blätter als Ersatz für Chinin als Malariamittel.

Für Geist und Seele

- Wasser und Zitronensaft zu gleichen Teilen im Zerstäuber gemischt und versprüht, hebt die Stimmung und regt den Geist an.

Für den Körper

- Zur inneren Generalreinigung des Körpers 3 Tage fasten, doch täglich 8 Tassen Entgiftungstrank (Rezept nebenstehend) sowie Kräutertees und Wasser trinken.
- Bei Halsschmerzen so lange nach Bedarf Zitronensirup (Rezept nebenstehend) nehmen, bis die Symptome abklingen.
- Zur Aufhellung von Altersflecken und Straffung der Gesichtshaut Watte mit Zitronensaft tränken und die Haut damit betupfen.

Hauptwirkungen

Erfrischend

Reinigend

Antibakteriell

Zubereitungen

Entgiftungstrank: 1 EL frischen Zitronensaft, 1 EL Ahornsirup und 1 Prise Cayennepfeffer mit 1 Tasse heißem Wasser mischen. Heiß oder kalt trinken.

Sirup: ½ Zitrone auf einem Spieß über mäßiger Flamme rösten, bis die Schale bräunt. Abkühlen, Fruchtfleisch auslösen, mit 1 TL Honig beträufelt essen.

55

Orange *Citrus sinensis*

Bedenken Sie, was Sie Ihrem Körper Gutes tun, wenn Sie zum Frühstück ein Glas frisch gepressten Orangensaft trinken oder sich Orangenmarmelade aufs Brot streichen! Die Früchte stecken voller Vitamin A und C, Mineralien und Antioxidantien. Dadurch halten Orangen Augen, Haut und Herz gesund, sie stärken das Immunsystem und sollen sogar vor einigen Krebsarten schützen.

Anbau und Ernte

- Die Bäume brauchen feuchten, gut entwässerten, lehmigen Boden und volle Sonne. In kühlem Klima als Kübelpflanze im Freien halten, im Wintergarten überwintern.
- Samen im Gewächshaus sähen, Jungpflanzen vor Frost schützen. Kopfstecklinge im Spätsommer schneiden, nach Bewurzelung in Kübel pflanzen.
- Blätter das ganze Jahr über, Früchte im Herbst ernten.

Pflanzentyp: Immergrüne Bäume und Sträucher

Beschreibung: 9 m hoch, 6 m breit; aromatische Blätter und Zweige

Heimat: Tropischer Regenwald; SO-Asien

Verwendete Pflanzenteile: Blüten, Blätter, Früchte, ätherisches Öl (der Schale), Samenöl

Legende und Tradition

- In der traditionellen indischen Medizin wird Orange zur Blutreinigung genutzt, als Getränk bei Fieber und gegen Erkältung.
- Das ätherische Öl der Schale wird als Aroma- sowie als Duftstoff verwendet, das Öl der Samen für die Seifenherstellung.

Für Geist und Seele

- Getrocknete Orangenblätter zwischen die Unterwäsche gelegt, heben die Stimmung, wenn man sich morgens ankleidet.
- Über offener Flamme verbrannte Schale verbreitet positiv stimmenden Duft im Raum.

Für den Körper

- Gegen Akne das Gesicht mit der Innenseite der Schale abreiben.
- 8 Orangenblätter mit 1 Tasse kochend heißem Wasser übergießen, 10 Minuten ziehen lassen, abseihen und trinken, erfrischt den Mund.
- Fliegen, Ameisen, Flöhe und Wespen bleiben fern, wenn man das Orangenöl-Insektizid (Rezept nebenstehend) im Raum versprüht.

Hauptwirkungen
Stimulierend
Stimmungshebend
Insektizid

Zubereitung

Orangenöl-Insektizid: Schale einer Orange mit Sparschäler abschälen. In einem Topf mit Wasser bedecken und bei aufgelegtem Deckel 10 Minuten köcheln. Abseihen und in einen Zerstäuber füllen.

57

Pfefferminze *Mentha × piperita*

Seit dem Altertum schätzen Menschen den erfrischenden Geschmack der Pfefferminze. Man sagt, es sei das älteste Heilkraut, denn man fand sie in mehr als 10 000 Jahre alten archäologischen Fundstellen. Die meisten Minzearten sind stimulierend und verdauungsfördernd, doch die Pfefferminze ist außerdem antibiotisch und krampflösend. Italienische Forschungen von 2007 ergaben, dass Pfefferminzöl bei 75 Prozent der Patienten gegen Reizdarmsymptome half.

Pflanzentyp: Winterharte, mehrjährige Pflanze

Beschreibung: 45 cm hoch, bis 1 m breit; mittel- bis dunkelgrüne Blätter

Heimat: Gemäßigtes Klima; Eurasien, Afrika

Verwendete Pflanzenteile: Blätter, ätherisches Öl (der Blättern und Blüten)

Anbau und Ernte
- Braucht nicht zu trockene Erde und Sonne oder Halbschatten.
- Vermehrung im Frühjahr durch 15 cm lange Wurzelstecklinge, die flach 2,5 cm tief in frische Erde gesteckt werden.
- Blätter ganzjährig ernten, frisch oder getrocknet verwenden.

Legende und Tradition

- In der griechischen Mythologie ist Minthe eine von Hades begehrte Nymphe, die von Persephone in das Kraut verwandelt wird.
- Laut Bibel (Mt 23, 23) gaben die Pharisäer den Zehnten von Minze, Dill und Kümmel.

Für Geist und Seele

- Für einen Energieschub 4 Tassen Pfefferminz-Aufguss (Rezept nebenstehend) in ein warmes Bad geben, 20 Minuten darin entspannen.
- Zur Stärkung von Gedächtnis und Konzentration den aus Pfefferminze bereiteten Raumspray (Rezept nebenstehend) um sich versprühen.

Für den Körper

- Bei Verdauungsbeschwerden und Blähungen nach den Mahlzeiten 1–2 Tassen Aufguss (Rezept nebenstehend) trinken.
- Vor dem Essen an ätherischem Pfefferminzöl riechen, hemmt den Appetit.
- Eine Massage mit Pfefferminzblatt-Ölauszug (S. 23) entspannt schmerzende Muskeln.

Hauptwirkungen

Verdauungsanregend

Antimikrobiell

Löst Muskelspannungen

Zubereitungen

Aufguss: 1 TL getrocknete oder 2 TL frische Pfefferminzblätter auf 1 Tasse Wasser, Standardmethode (S. 20).

Raumspray: Je 3 Tropfen ätherisches Öl von Pfefferminze, Rosmarin und Basilikum mit 25 ml Wasser in einem Zerstäuber vermischen.

59

Muskatnussbaum *Myristica fragrans*

Die Muskatnuss gehört zu den geschätztesten Gewürzen der Geschichte: 1667 tauschten die Niederländer Neu Amsterdam (New York) mit den Engländern gegen die Molukken ein, die Quelle der Muskatnuss. Der Diebstahl der Samen wurde mit dem Tod bestraft. Muskat regt den Blutfluss an und hilft bei Verdauungsbeschwerden; mäßig verwenden.

Pflanzentyp:
Immer-grüner Baum

Beschreibung: 20 m hoch, 20 m breit; kleine gelbe Blüten

Heimat: Tropischer Regenwald; Molukken

Verwendete Pflanzenteile: Samen, Samenmantel, ätherisches Öl (der Samen)

Anbau und Ernte
- Gedeiht nur in heiß-feuchtem Tropenklima auf gut entwässerten Böden im Halbschatten.
- Männliche wie weibliche Bäume werden einzeln aus Samen gezogen. 22 cm große Pflanzen werden ausgepflanzt. Eine männliche genügt zur Bestäubung von 10–12 weiblichen Pflanzen.
- Nach der Ernte der reifen Früchte werden Kern und Samenhülle zur Trocknung getrennt.

Legende und Tradition
- Ein europäischer Mönch des

Der Muskatsamen ist von einem roten Samenmantel umgeben, der getrocknet das Gewürz Macis ergibt.

16. Jahrhunderts soll den Männern geraten haben, sich die Genitalien mit Muskatöl einzureiben, um Frauen zu betören.

Für Geist und Seele

• Um sich morgens heiter zu stimmen, gibt man eine Prise Muskatnuss an sein Müsli.

Für den Körper

• Zur Verdauungsförderung 1 Tasse Aufguss (Rezept nebenstehend) trinken.
• Ein kleines Glas Muskat-Likör (Rezept nebenstehend) fördert die Libido.
• Muskatnuss nur mäßig zu sich nehmen, da bei höherer Dosierung Vergiftungserscheinungen auftreten können.

Zubereitungen

Aufguss: Etwas Muskatnuss in eine Tasse reiben, mit heißem Wasser aufgießen, nach Geschmack mit Honig süßen und trinken.

Muskat-Likör: 1½ Muskatnüsse reiben. Pulver in eine saubere Flasche geben, mit 600 ml Weinbrand oder Cognac auffüllen. 3 Wochen ziehen lassen, abfiltern und in frische Flasche füllen.

61

Guarana *Paullinia cupana*

Das im Amazonasgebiet lebende Indianervolk der Guarani pflegte die Früchte zu sammeln, zu rösten, zu zerstoßen und eine schokoladeähnliche Masse daraus herzustellen, die als Aphrodisiakum, gegen Fieber und Verdauungsbeschwerden genutzt wurde. Zu den Wirkstoffen in den Samen zählen Theophyllin und Koffein, die das Herz und das zentrale Nervensystem anregen. Wer Koffein nicht verträgt oder Mittel zur Blutverdünnung einnimmt, muss Guarana ebenso meiden wie Schwangere und Stillende.

Anbau und Ernte

- Der Strauch verlangt feucht-heißes Tropenklima, saure Böden und einen sonnigen Standort.
- Die Samen müssen sofort ausgesät werden, sie verlieren ihre Keimfähigkeit nach drei Tagen. Stecklinge brauchen hohe Luftfeuchtigkeit in einer Nebelkammer.
- Die Samen der überreifen Früchte werden geröstet, geschält und zerrieben. Pulver in fest schließenden Gläsern aufbewahren.

Pflanzentyp: Windender Strauch

Beschreibung: Bis 12 m lang; Trauben mit winzigen, weißen Blüten, rote Früchte

Heimat: Tropischer Regenwald; Brasilien, Amazonien

Verwendete Pflanzenteile: Samen, ätherisches Öl (der Samen)

Zubereitungen

Aufguss: 1 TL lösliches Guaranapulver mit 1 Tasse kochend heißem Wasser übergießen. Standardmethode (S. 20).

Tinktur: 200 g pulverisierte Guaranasamen auf 1 l Wasser. Standardmethode (S. 20).

Legende und Tradition

- Die Guarani nutzten Guarana auch als Mittel, um Tatkraft und Energie zu stärken.
- Guarana ist die Hauptzutat des »Nationalgetränks« der Brasilianer, des so genannten Guarana-Soda.

Für Geist und Seele

- 1 TL pulversierte Guaranasamen unter ein Glas Saft mischen und trinken, regt die Energie an.
- Täglich 2–3 TL pulversierte Guaranasamen unter das Essen oder in Getränke gemischt, stärkt das Gedächtnis.

Für den Körper

- Zur Entgiftung des Blutes nimmt man bis zu 3 × täglich 1 Tasse Aufguss, ½ TL Tinktur (Rezepte links) in etwas Wasser oder 1 mit Guaranapulver gefüllte Kapsel (S. 21) zu sich.
- ½ TL Tinktur unter die täglich Körperlotion gemischt, vermindert Cellulitis.

Hauptwirkungen

Stimuliert Energie

Stärkt Gedächtnis

Hilft abzunehmen

63

Gewürznelke *Syzygium aromaticum*

In China nennt man die sonnengetrockneten Blütenknospen des Nelkenbaums *dingxiang* (»kleines wohlriechendes Ding«) und in der dortigen TCM gilt die Nelke als »warmes« Medikament, das wie ein Katalysator die Wirkstoffe anderer Kräuter aktiviert. Als Würzmittel regt die Nelke die Verdauung an, sie hilft gegen Übelkeit, Magenschmerzen und Blähungen. Ihrer antibakteriellen Wirkung wegen dient sie auch zur Haltbarmachung von Nahrungsmitteln.

Anbau und Ernte

- Der Baum verlangt gut entwässerte, feuchte, fruchtbare Böden in feuchtwarmem Klima und Sonne.
- Die Vermehrung erfolgt durch Samen oder Stecklinge, die man in stark mit Kompost durchsetzte Erde gibt.
- Nach 8 Jahren zeigen sich Blüten, die man als Knospen erntet und in der Sonne trocknet.

Pflanzentyp:
Immergrüner Baum

Beschreibung: 20 m hoch, bis 10 m breit; kleine gelbe Blüten in Trugdolden

Heimat: Tropischer Regenwald; Molukken

Verwendete Pflanzenteile:
Blütenknospen; ätherisches Öl (der Knospen)

Legende und Tradition

- Dem Ayurveda gilt Nelke als Aphrodisiakum – was die moderne Forschung bestätigt.
- Traditionell als Mittel gegen Zahnschmerz verwendet, spielt Nelke auch in der modernen Zahnmedizin eine Rolle.

Für Geist und Seele

- Eine Prise gemahlenes Nelkenpulver in heißen Getränken hebt die Stimmung.
- 30 ml Wasser gemischt mit 2 Tropfen ätherischem Nelkenöl mit einem Zerstäuber versprüht, verbreitet eine warme Atmosphäre.
- Ein Nelkenpomander (Anleitung nebenstehend) reinigt die Luft.

Für den Körper

- Zur Anregung der Verdauung und Minderung von Übelkeit und Blähungen eine Prise gemahlene Nelke an den Lieblingstee geben, den man nach dem Essen trinkt.
- 3 × täglich 1 Tasse Aufguss (Rezept nebenstehend) trinken, hilft gegen Durchfall und Darmparasiten.

Hauptwirkungen

Regt Verdauung an

Anästhesierend

Antimikrobiell

Zubereitungen

Pomander: Eine ganze, ungeschälte Orange mit 60–100 Nelken spicken. Ein Band um die Mitte der Frucht schlingen, an dem man den Pomander aufhängen kann.

Aufguss: 1 TL Nelkenpulver auf 1 Tasse kochend heißes Wasser. Standardmethode (S. 20).

Balsamkraut *Tanacetum balsamita*

Die Blätter haben einen frischen, an Pfefferminze erinnernden Geruch und wurden im Mittelalter in England anstelle von Hopfen dem Bier zugesetzt. Das auch Marienblatt und Frauenminze genannte würzige Kraut war schon den Griechen bekannt und diente als Mittel zur Linderung von Geburtsschmerzen. Der amerikanische Name bible leaf (»Bibelblatt«) erinnert daran, dass man die Blätter als Hunger und Müdigkeit vertreibendes Lesezeichen verwendete.

Pflanzentyp: Winterhartes, mehrjähriges Kraut

Beschreibung: 1 m hoch, 1 m breit; weiße, gänseblümchenähnliche Blüten

Heimat: Kühles Klima; Europa, Asien

Verwendete Pflanzenteile: Blätter

Anbau und Ernte

- Braucht nährstoffreiche Böden und Sonne oder Halbschatten.
- Samen keimen nur in wärmerem Klima; Vermehrung durch Teilung und Wurzelstecklinge im Frühjahr oder Herbst möglich.
- Junge Blätter zwischen Frühling und Frühherbst ernten, frisch oder getrocknet verwenden.

Legende und Tradition

- Im Mittelalter streute man die Blätter auf den Fußboden, um die Luft zu reinigen und Ungeziefer fern zu halten.

Für Geist und Seele

- Bei Bedarf 1 Tasse Aufguss (Rezept nebenstehend) trinken, wirkt anregend und erfrischend auf den Geist.
- Getrocknete Balsamkrautblätter, in einem Säckchen an einen Kleiderbügel gehängt, oder ein Sofasack (Anleitung nebenstehend) verströmen aufmunternden Duft, wenn man den Schrank öffnet oder auf dem Sofa entspannt.

Für den Körper

- Eine Dampfinhalation (S. 22) mit frischen Balsamkrautblättern hilft bei verstopfter Nase.
- Ein frisches, zerriebenes Blatt wirkt lindernd auf einem Insektenstich.
- Zur Linderung der Schmerzen bei lang anhaltenden Wehen 3 × täglich 1 Tasse Aufguss (Rezept nebenstehend) trinken.

Hauptwirkungen

Erfrischend

Schmerzlindernd

Insektizid

Zubereitungen

Aufguss: 1 TL getrocknete oder 3 TL frische Balsamkrautblätter auf 1 Tasse kochend heißes Wasser. Standardmethode (S. 20).

Sofasack: 2 Leinensäckchen mit getrockneten Balsamkrautblättern füllen und zunähen. Die Säckchen durch ein breites, an den Säckchen angenähtes Band verbinden und an diesem über die Sofalehne hängen.

67

Ingwer *Zingiber officinale*

In der ayurvedischen Medizin gilt Ingwer als »Universalarznei«, weil er so viele unterschiedliche Beschwerden zu lindern vermag. Das scharf-würzige Rhizom der Pflanze regt den Kreislauf und die Verdauung an, erzeugt Wärme und ein allgemeines Wohlbefinden, hilft gegen Übelkeit und bei Gelenkentzündungen.

Anbau und Ernte
* Braucht fruchtbaren Boden, Feuchtigkeit und eine Ganzjahrestemperatur von 28 °C.
* Im Frühjahr Rhizomstecklinge mit mindestens zwei Knospen unter gefiltertem Licht 2,5 cm tief in den Boden setzen.
* Die prallen Rhizome werden im Spätherbst geerntet und frisch oder sonnengetrocknet verwendet.

Legende und Tradition
* In China gilt Ingwer seit mehr als 3000 Jahren als *yang*-lastiges Mittel gegen Frieren und Erkältung sowie als Muntermacher.

Pflanzentyp:
Mehrjähriges Gewächs

Beschreibung: 1 m hoch; schilfähnliche Blätter, rosa oder gelbe Lippenblüten

Heimat: Tropischer Regenwald; SO-Asien

Verwendete Pflanzenteile:
Rhizom; ätherisches Öl (des Rhizoms)

In der asiatischen Küche nutzt man die Blütenknospen, Blätter, Schösslinge und das Rhizom des Ingwers.

Für Geist und Seele

- Je 3 Tropfen ätherisches Öl von Ingwer, Pfefferminze und Orange mit 25 ml Wasser in einem Zerstäuber vermischt und im Raum versprüht, regt die Schaffenskraft an.

Für den Körper

- 3 × täglich 1 Tasse Ingweraufguss (Rezept nebenstehend) hilft bei Sodbrennen, Blähungen und Darmkrämpfen.
- Massageöl gegen kalte Füße: Je 3 Tropfen ätherisches Öl von Ingwer, schwarzem Pfeffer und Zimt mit 4 TL Mandelöl vermischen.
- 3 × täglich 1 TL Ingwertinktur (Rezept nebenstehend) in etwas Wasser oder Saft hilft gegen Übelkeit und Reisekrankheit.

2. KAPITEL

Kräuter fürs Gehirn

Wenn es auf einen klaren Kopf, Konzentration und ein gutes Gedächtnis ankommt, sind zwei Arten von Kräutern besonders hilfreich: frische, aromatische Kräuter, die klärend wirken, den Geist erfrischen und für Ordnung im Gehirn sorgen, sowie Kräuter, die direkt auf die Gehirnzellen wirken, indem sie diese mit mehr Sauerstoff versorgen und so das Denkvermögen und die Aufmerksamkeit steigern.

Zur ersten Gruppe gehören Kräuter mit klarem, grünem, leicht scharfem Geruch, dem sich kein Blütenduft beimischt, also Kräuter wie Rosmarin, Basilikum, Engelwurz oder Lorbeer. Ihre Düfte stützen vor allem die Konzentration. Verlangt Ihre Arbeit eine besonders ausdauernde Konzentration, stellen Sie sich ein paar frische Kräuterstängel in einer Vase auf den Schreibtisch und riechen Sie von Zeit zu Zeit daran oder zerreiben Sie eins

der Blätter zwischen den Fingern und atmen Sie den sich entfaltenden Duft ein.

Die Wirkung der Kräuter der zweiten Gruppe, zu denen Bakope, Wassernabel und Ginkgo gehören, ist phänomenal. Sie sind nachweislich in der Lage, die Funktion der Gehirnzellen zu verbessern und das Erinnerungsvermögen zu stärken, was sehr nützlich ist, wenn man vor einer Prüfung steht oder einen Beruf hat, in dem es auf ein gutes Gedächtnis ankommt.

Aber sie sind auch in der Lage, das Gehirn zu verjüngen und der altersbedingten Vergesslichkeit entgegenzuwirken. Ja, Kräuter wie Ginkgo und Bakope sollen sogar Krankheiten des zentralen Nervensystems wie Alzheimer und Parkinson verhindern helfen.

Ob Sie also Ihre Konzentration verbessern oder Ihr Gehirn jung erhalten wollen, die in diesem Kapitel vorgestellten Kräuter bieten Ihnen für beide Optionen ein Arsenal an wirkungsvollen Möglichkeiten.

Echte Engelwurz *Angelica archangelica*

Mit ihrem üppigen Blattwerk und den großen Blütendolden macht diese Pflanze, die auch unter den Namen Angelika oder Brustwurz bekannt ist, im Hochsommer einen geradezu tropischen Eindruck. Den Ruf, besonders auf das Gehirn stärkend zu wirken, verdankt die Engelwurz ihren aromatisch-frisch riechenden Blättern. Forschungen ergaben, dass die Wurzeln 12 entzündungshemmende, 10 muskelentspannende und 5 schmerzstillende Substanzen enthalten. Schwangere müssen die Engelwurz meiden.

Pflanzentyp: Zweijährige, winterharte Pflanze

Beschreibung: 2 m hoch, 2 m breit; große Blätter; gelbliche grüne Blütchen an Dolden

Heimat: Kühles Klima; N- und O-Europa

Verwendete Pflanzenteile: Blätter, Wurzeln, Samen, Stiele

Anbau und Ernte
- Samen im Spätsommer in feuchte, nährstoffreiche Erde geben; Halbschatten.
- Blätter vor der Blüte ernten, frisch oder getrocknet verwenden; reife Samen sammeln und trocknen.
- Wurzeln der einjährigen Pflanze im Herbst ausgraben und trocknen.

Legende und Tradition

- Im Mittelalter räucherte man die Gewänder von Chorknaben mit schwelender Engelwurz.
- Mit Samen und/oder Wurzeln der Engelwurz aromatisiert man Wermut und Kräuterliköre

Für Geist und Seele

- Zur Hebung der Aufmerksamkeit bei eintöniger Arbeit den Duft frischer zerdrückter Engelwurzblätter einatmen.
- Um die *chakras* oder Meridiane zu harmonisieren, 4–7 Tropfen Blütenessenz (S. 34) direkt unter die Zunge träufeln.

Für den Körper

- Zur Entgiftung der Leber 3 × täglich 2–3 Wochen lang ½ Tasse Engelwurz-Abkochung (Rezept nebenstehend) trinken.
- Eine Kompresse (S.23) mit doppelt starker Engelwurz-Abkochung (Rezept nebenstehend) lindert Gelenkschmerzen.
- 500 ml doppelt starker Engelwurz-Aufguss (Rezept nebenstehend) ins Badewasser gegeben, lockert verspannte Muskeln.

Hauptwirkungen

Schützend

Ausgleichend

Entzündungshemmend

Zubereitungen

Abkochung: 30 g getrocknete oder 60 g frische Wurzel auf 750 ml Wasser. Standardmethode (S.20). Doppelt starke Abkochung: 60 g getrocknete oder 120 g frische Wurzel auf 750 ml Wasser.

Doppelt starker Aufguss: 2 TL getrocknete oder 4 TL frische Blätter auf 1 Tasse kochend heißes Wasser. Standardmethode (S. 20).

Bakope *Bacopa monnieri*

Das auch Brahmi und Fettblatt genannte Kraut gilt im Ayurveda seit mehr als 3000 Jahren als gedächtnisstärkend. Es verbessert die Durchblutung des Gehirns und versorgt es mit einem Protein (Bacosid B), das als »Nervennahrung« bekannt ist. Indische Studenten nutzen es, um ihre Leistungsfähigkeit bei Prüfungen zu steigern. Die hängend wachsende Staude macht sich auch gut als Zierpflanze.

Anbau und Ernte

- Vermehrt wird die Bakope durch Stecklinge, die in Töpfe mit feuchter Erde kommen, oder durch Teilung. Als Sumpfpflanze braucht sie gleichmäßige Feuchtigkeit und verträgt Staunässe.
- Außerhalb der Tropen einjährig, alle 2–3 Wochen düngen.
- Ganzjährige Ernte von Blättern.

Legende und Tradition

- In Indien gibt man Kleinkindern kleine Mengen von Aufguss, um die Entwicklung des Gehirns zu fördern, bei Alten soll der Tee das Gehirn jung halten.

Pflanzentyp:
Mehrjährige Staude

Beschreibung: Bis 50 cm hoch; kriechend sukkulente Blätter, weiße Blüten

Heimat: Tropischer Regenwald; Indien

Verwendete Pflanzenteile:
Blätter

Zubereitungen

Aufguss: 6 frische Zweige (9 cm lang) auf 1 Tasse kochend heißes Wasser. Standardmethode (S. 20).

Tinktur: 75 g getrocknete, pulverisierte Bakopeblätter auf 1 l Wodka-Wasser-Mischung. Standardmethode (S. 20).

- Da es die Konzentration und
  die innere Ruhe fördert, gilt
  Bakope traditionell als
  Meditationshilfe.

Für Geist und Seele

- Täglich 1 Tasse Aufguss (Rezept
  nebenstehend) hilft, die Hirnhälf-
  ten bei der Meditation auszubalancieren und die mentalen
  Fähigkeiten in der Prüfungsvorbere-
  tung zu steigern.

Für den Körper

- Um die Gehirnzellen jung zu erhalten, schon
  in mittleren Jahren täglich 1 Tasse Bakope-
  Aufguss (Rezept nebenstehend) trinken oder
  1 TL Bakope-Tinktur (Rezept nebenstehend)
  in einem Glas Wasser einnehmen.
- Frische Bakopeblätter, unter einen bunten
  Salat gemischt, regen den Kreislauf an.

Hauptwirkungen

Stärkt Gedächtnis

Regt Kreislauf an

Stützt Immunsystem

Asiatischer Wassernabel *Centella asiatica*

Das auch Gotu kola und Tigergras genannte Kraut gilt in Indien als »Gehirnnahrung«. Es verbessert die Reflexe, mindert Stress und Depression und klärt die Gedanken. Der im 10. Jahrhundert auf Ceylon (Sri Lanka) regierende König Aruna behauptete, das Kraut verleihe ihm die Kraft, die 50 Frauen seines Harems zu befriedigen. Die Pflanze liebt steiniges Gelände und wächst oft an alten Mauern. Frische Blätter kann man an Salate oder Currygerichte geben.

Pflanzentyp: Schlankes, mehrjähriges Kraut

Beschreibung: 40 cm hoch, 40 cm breit; kleine Blätter, weiße Blüten

Heimat: Tropisches Grasland; Indien, SO-Asien

Verwendete Pflanzenteile: Blätter, Stiele

Anbau und Ernte

- Bevorzugt feuchten Boden und Sonne oder Halbschatten.
- Samen in Anzuchtkompost im Gewächshaus ausbringen. Jungpflänzchen pikieren und im späten Frühling oder Frühsommer ins Freie umpflanzen.
- Blätter können ganzjährig geerntet werden.

Legende und Tradition

- Hindus nutzen das Kraut als Meditationshilfe, um zu einer innigeren Verbindung mit Brahman, dem Urgrund des Seienden, zu kommen.
- Wassernabel gehört zum »Taoistischen Elixier«, das der Tai-Chi-Meister Li Ching-Yun einnahm, der 1933 mit angeblich 256 Jahren starb.

Für Geist und Seele

- 3 × täglich 2–4 TL Tinktur (Rezept nebenstehend) in etwas Wasser genossen, mindert Stress und Erschöpfung.
- Zur Klärung des Geistes täglich 3 Tassen Aufguss (Rezept nebenstehend) trinken.

Für den Körper

- 3 Tassen Aufguss (Rezept nebenstehend) täglich beugen der vorzeitigen Alterung vor, denn der Tee enthält wertvolle, freie Radikale bekämpfende Antioxidantien.
- Ein paar Tropfen Ölauszug (S. 23) aus Blättern und Stielen des Wassernabels, 2–3 × täglich auf Schürfwunden aufgebracht, unterstützen die Wundheilung.

Hauptwirkungen

Fördert Hirnaktivität

Verjüngt Gehirnzellen

Wundheilend

Zubereitungen

Tinktur: 200 g getrocknete oder 400 g frische Wassernabelblätter auf 1 l Wodka-Wasser-Mischung. Standardmethode (S. 20).

Aufguss: 1 TL getrocknete oder 2 TL frische Wassernabelblätter auf 1 Tasse kochend heißes Wasser. Standardmethode (S. 20).

Ginkgo *Ginkgo biloba*

Der Ginkgo ist der letzte Vertreter einer mehr als 200 Millionen Jahre alten Laubbaumfamilie. Der einzelne Baum kann bis 1000 Jahre alt werden, seine Blätter schützen vor einer Reihe von Alterserscheinungen, darunter grauer Star, Schlaganfall und Herzerkrankungen. Studien belegen, dass der Ginkgo die Hirnfunktion und das Gedächtnis sowie die Sauerstoffaufnahme der Zellen verbessert. Wer blutverdünnende Mittel nimmt, sollte Ginkgo meiden.

Pflanzentyp: Mehrjähriger Laubbaum

Beschreibung: 30 m hoch, 20 m breit; fächerartige gekerbte Blätter.

Heimat: Kühle Klimazonen; O-China

Verwendete Pflanzenteile: Blätter

Anbau und Ernte

- Braucht tiefen, feuchten, gut entwässerten, sandigen Boden und windgeschützten sonnigen Standort.
- Lässt sich an warmem Ort aus Samen ziehen.
- Man erntet die Blätter im Herbst, ehe sie sich leuchtend gelb verfärben, im Frühjahr oder Sommer.

Legende und Tradition

- Schon um 3000 v. Chr. schätzte man den Ginkgo in China als potenzfördernd.
- In China, Korea und Japan zieht man die verehrten Bäume in Tempelgärten.

Für Geist und Seele

- Um die Hirnleistung rasch anzukurbeln, trinkt man 3 × täglich je 1 Tasse heißen Aufguss aus Ginkgo-Mischung (Rezept nebenstehend; pro Tasse 1 TL Mischung).
- Für eine bessere Traumerinnerung vor dem Zubettgehen 1 Tasse halbstarken Ginkgo-Aufguss (Rezept nebenstehend) trinken.

Für den Körper

- Zur Erhöhung der Libido trinken Männer wie Frauen 3 × täglich 1 Tasse Aufguss (Rezept nebenstehend) oder nehmen 3 × täglich 1 mit Ginkgopulver gefüllte Kapsel (S. 21).
- Gegen allergische Irritationen wie Heuschnupfen nimmt man bei Bedarf täglich 1 mit Ginkgopulver gefüllte Kapsel (S. 21).

Hauptwirkungen

Verbessert Gedächtnis

Stärkt Kreislauf

Steigert Libido

Zubereitungen

Ginkgo-Mischung: Je 4½ TL Ginkgo- und Wassernabelpulver mit 1 TL Cayennepfeffer mischen. In luftdicht schließendem Gefäß aufbewahren.

Aufguss: 1 TL getrocknete oder 3 TL frische Ginkgoblätter auf 1 Tasse kochend heißes Wasser. Standardmethode (S. 20). Für halbstarken Aufguss Kräutermenge halbieren.

Echter Lorbeer *Laurus nobilis*

Die Priesterinnen des Orakels von Delphi atmeten das leicht narkotische Aroma des Lorbeers ein, ehe sie ihre vom Gott Apoll empfangenen Prophezeiungen äußerten. Dadurch galt der Lorbeer als ein bewusstseinserweiterndes Kraut. Aufgrund moderner Forschung wissen wir, dass der Lorbeer Parthenolide enthält, die gegen Migräne wirken, sowie krampflösende Substanzen, die bei Magen- und Muskelschmerzen helfen und die Verdauung fördern.

Pflanzentyp: Frostempfindlicher Strauch

Beschreibung: 12 m hoch, 8 m breit; kleine cremefarbene Blüten, blaue Früchte

Heimat: Warmes Klima; Mittelmeerraum

Verwendete Pflanzenteile: Blätter

Anbau und Ernte

- Verlangt gut entwässerten Boden und Sonne oder Halbschatten.
- Reife, etwa 12,5 cm lange Seitentriebe im Herbst an der Stielachsel abtrennen und als Steckling unter Netztunnel-Abdeckung 18 Monate anziehen, dann auspflanzen.
- Blätter ganzjährig ernten; trocknen.

Legende und Tradition

- Im alten Griechenland ehrte man Athleten und Gelehrte mit Lorbeerkränzen.

Zubereitungen

Kissen: Ein Musselinquadrat (30 cm) zusammenlegen, an zwei Seiten zunähen, mit getrockneten Lorbeerblättern füllen und zunähen.

Abkochung: 2 Tassen voll getrockneter Lorbeerblätter 15 Minuten lang in 2 l Wasser kochen, dann abgießen. Ergibt etwa 1 l Abkochung.

- Kaiser Tiberius pflegte bei Gewittern zum Schutz vor Blitzschlag einen Lorbeerzweig in der Hand zu halten.

Für Geist und Seele
- Zur Hebung psychischer Fähigkeiten den Rauch schwelender Lorbeerblätter einatmen.
- Ein Lorbeerkissen (Anleitung nebenstehend) unter dem Kopfkissen kann prophetische Träume auslösen.

Für den Körper
- Mit dem Bügeleisen erwärmte Lorbeerblätter, für 45 Minuten auf die Stirn gelegt, können eine beginnende Migräne stoppen.
- Marinaden, Suppen und Eintöpfen beigegebene getrocknete Lorbeerblätter (vor dem Essen entfernen) fördern die Verdauung.
- 1 l Lorbeerabkochung (Rezept nebenstehend) einem Wannenbad (20 Minuten) beigegeben, lindert Gelenk- und Gliederschmerzen.

Hauptwirkungen

Schützend

Schmerzlindernd

Verdauungsfördernd

Basilikum *Ocimum basilicum*

Der würzige Duft des Basilikums entstammt seinem ätherischen Öl. Er fördert die Konzentration und belebt den durch eine Erkältung gedämpften Geruchssinn. Basilikum enthält viele Nährstoffe, darunter die Vitamine A und C sowie Antioxidantien. Diese verbessern die Sehfähigkeit und die Gesundheit von Haut, Haaren und Herz. Das ätherische Öl nicht direkt auf die Haut auftragen und in der Schwangerschaft meiden.

Pflanzentyp: Frostempfindliche einjährige Pflanze

Beschreibung: 45 cm hoch, 30 cm breit; grüne oder rote Blätter

Heimat: Tropischer Regenwald; Asien

Verwendete Pflanzenteile: Blätter, Blüten, ätherisches Öl (der Blätter)

Anbau und Ernte
- Braucht gut entwässerten Boden und Sonne.
- Vermehrung aus Samen im Gewächshaus, um Kälte und Feuchtigkeit zu meiden.
- Ernte der Blätter den ganzen Sommer über; frisch verwenden.

Legende und Tradition
- In Mexiko steckt man die Blätter einem Geliebten in die Tasche, dessen Interesse abzuflauen scheint.

Bei heißem Wetter um große Blätter durch zerstäubtes Wasser einen Nebel erzeugen.

Für Geist und Seele

• Zur Erfrischung des Geistes 1 Tropfen ätherisches Öl auf ein Tuch geben und einatmen.

• 10 frische Basilikumblätter über Nacht in 1 Tasse kaltes Wasser legen, abseihen und trinken, stärkt Gedächtnis und Konzentration.

Für den Körper

• Ein frisches, zerriebenes Blatt wirkt lindernd auf einem juckenden Insektenstich.

• Eine Basilikum-Dampfinhalation (Rezept nebenstehend) macht bei Erkältung einen klaren Kopf.

• Ein Sherryglas voll Basilikum-Kräuterwein (Rezept nebenstehend) bei Bedarf genossen, steigert die Libido.

Zubereitungen

Dampfinhalation: 2 EL getrocknete oder 1 Handvoll frische Basilikumblätter auf 5 l Wasser. Standardmethode (S. 22).

Kräuterwein: 100 g getrocknete oder 200 g frische Basilikumblätter auf 1 l Rotwein. Standardmethode (S. 22).

Schwarzer Pfeffer *Piper nigrum*

Der schon früh gehandelte Schwarze Pfeffer hat einen scharfen, brennenden Geschmack und einen Duft, der klärend auf das Denken wirkt. Bei uns vor allem als Würze bekannt, dient er im Ayurveda seit 4000 Jahren als wärmender Wiederhersteller körperlicher Vitalität. Traditionell gilt Pfeffer als Mittel gegen viele Leiden, darunter Verstopfung, Durchfall, Ohren- und Zahnschmerzen.

Pflanzentyp:
Mehrjährige Kletterpflanze

Beschreibung: Bis 6 m hoch; breit eiförmige, kurz zugespitzte Blätter

Heimat: Tropisches Grasland; S-Indien, Sri Lanka

Verwendete Pflanzenteile: Früchte, ätherisches Öl (der getrockneten Früchte)

Anbau und Ernte

- Braucht nährstoffreiche Schwemmböden in gefiltertem Licht.
- Vermehrung aus Samen, die man bei hoher Luftfeuchtigkeit im Gewächshaus in mit Sand gemischtem Kompost sät. Monatlich düngen, im Winter sparsam gießen.
- Es dauert Jahre, bis sich Pfefferkörner entwickeln. Sie werden grün (unreif) geerntet und dann getrocknet.

Legende und Tradition

- Im mittelalterlichen Europa war Schwarzer Pfeffer so geschätzt, dass er als Zahlungsmittel akzeptiert wurde.
- Homöopathen nutzen ihn traditionell als Konzentrationshilfe und gegen Ängste.

Für Geist und Seele

- 3 Tropfen ätherisches Öl des Schwarzen Pfeffers auf ein Tuch getropft und eingeatmet, verbessert die mentale Klarheit.

Für den Körper

- Zur Lockerung verspannter, schmerzender Muskeln betroffene Partien mit langen, festen Strichen mit Massageöl (Rezept nebenstehend) einreiben.
- Um den Körper mit einer zugleich entgiftenden Seife zu stimulieren, bei der Morgendusche eine Pfefferseife (Rezept nebenstehend) verwenden.
- Großzügig mit Schwarzem Pfeffer würzen, regt die Magensäfte an und hilft der Verdauung.

Hauptwirkungen

Stimulierend

Energie steigernd

Erwärmend

Zubereitungen

Massageöl: Je 3 Tropfen ätherisches Öl von Rosmarin und Lavendel und 4 Tropfen von Schwarzem Pfeffer mit 4 TL Mandelöl mischen.

Pfefferseife: Je 10 Tropfen ätherisches Öl von Schwarzem Pfeffer und Lavendel in 200 ml unparfümierte Flüssigseife geben und mit einem Holzstäbchen verrühren. Lässt sich unbegrenzt aufbewahren.

Rosmarin *Rosmarinus officinalis*

Rosmarin verbessert die Durchblutung des Gehirns und regt es so an. Durch Antioxidantien, die die Körperzellen vor freien Radikalen schützen, hilft er dem Gedächtnis. Zu den Wirkstoffen gehört Carnosolsäure, die besonders stark schützend auf die Zellen wirkt. Während der Schwangerschaft das ätherische Öl des Rosmarins meiden.

Pflanzentyp: Winterharter Strauch

Beschreibung: 1,5 m hoch, 1,5 m breit; blassblaue Blüten

Heimat: Warmes Klima; Mittelmeerraum

Verwendete Pflanzenteile: Blätter, Blüten, ätherisches Öl (der Blätter)

Anbau und Ernte
- Braucht leichte Böden und Sonne.
- Vermehrung im Frühling durch Stecklinge.
- Ernte der Blätter ganzjährig; frisch oder getrocknet verwenden.

Legende und Tradition
- In Europa gehörte Rosmarin einst als Zeichen der Treue in Brautkränze.

Für Geist und Seele
- 2 Tropfen Blütenessenz (S. 34–35) in ein Glas Wasser gegeben und über den

Einen festen Rosmarinzweig kann man als aromatischen Grillspieß verwenden.

Hauptwirkungen

Hebt die Stimmung

Hilft dem Gedächtnis

Kreislaufanregend

Tag verteilt getrunken, steigert die Kreativität und dämpft negative Emotionen.
* Den Dampf von 1 Tasse Rosmarinaufguss (Rezept nebenstehend) einatmen, dann den Tee trinken, hilft gegen geistige Erschöpfung.

Für den Körper
* 3 Tropfen ätherisches Rosmarinöl in ein Bad gegeben, lockert verspannte Muskeln.
* Gegen Schuppen das gewaschene Haar mit Aufguss (Rezept nebenstehend) spülen.

Besonderer Tipp
Die doppelt starke Abkochung (Rezept nebenstehend) als desinfizierenden Reiniger für Küche und Bad verwenden.

Zubereitungen

Aufguss: 1 TL getrocknete oder 2 TL frische Rosmarinblätter auf 1 Tasse kochend heißes Wasser. Standardmethode (S. 20).

Doppelt starke Abkochung: 60 g getrocknete oder 120 g frische Rosmarinblätter auf 750 ml Wasser. Standardmethode (S. 20).

Heilziest *Stachys officinalis*

Diese Pflanze hat ihre Heimat in Europa, und das auch als Heilziest, Betonie und Rote Betonie genannte Kraut soll die Hirnzellen und das Nervensystem beruhigen und stärken. John Gerard schrieb dem seit Jahrhunderten in der Volksmedizin genutzten Kraut in seinem *Great Herbal* (1597) 29 Anwendungsmöglichkeiten zu. Heute empfiehlt man es gegen Kopfschmerz und Konzentrationsschwäche und zur Nervenberuhigung.

Anbau und Ernte
- Bevorzugt leichte, feuchte Erde und sonnigen bis halbschattigen Standort.
- Samen im Frühjahr aussähen. Vermehrung durch Teilung der Pflanze.
- Blätter und Blüten während der Blüte ernten.

Legende und Tradition
- Die Druiden nutzten Ziest, um das Böse auszutreiben, Albträume zu bannen und Verzweiflung zu überwinden.
- Der Leibarzt von Kaiser Augustus verordnete ihm Ziest unter anderem gegen Kopfschmerz.

Pflanzentyp: Winterhartes, mehrjähriges Kraut

Beschreibung: 60 cm hoch, 45 cm breit; rosa bis purpurrote Lippenblüten

Heimat: Kühles Klima; Europa

Verwendete Pflanzenteile: Blätter (getrocknet), Blüten

Zubereitungen

Kräuterwein: 100 g getrocknete Ziestblätter und -blüten auf 1 l Rotwein. Standardmethode (S. 22).

Doppelt starker Aufguss: 2 TL getrocknete Ziestblätter und -blüten auf 1 Tasse kochend heißes Wasser. Standardmethode (S. 20).

Für Geist und Seele

- Zur Stärkung von Kronen- und Kreuz-chakra (S. 17) 2 Tropfen Ziestblütenessenz (S. 34 –35) in ein Glas Wasser geben und über den Tag verteilt trinken. Hilft auch, ein Enthaltsamkeits-gelübde durchzuhalten.
- Ein mit getrocknetem Ziest gefüll-tes Leinensäckchen unter dem Kopfkissen verscheucht Albträume.

Für den Körper

- Gegen nervöse Kopfschmerzen 1 x täglich vor einer Mahlzeit 1 Sherryglas voll Ziest-Kräuterwein (Rezept nebenstehend) trinken, bis das Symptom verschwindet.
- Bei Halsentzündung 3 x täglich mit je ½ Tasse doppelt starkem Ziest-Aufguss (Rezept nebenstehend) gurgeln.
- Getrocknete Ziestblätter, als Prise geschnupft, lösen befreiendes Niesen bei verstopfter Nase und Nebenhöhlenentzündung aus.

Hauptwirkungen
Lindert Kopfschmerz
Beruhigt Nerven
Schützend

3. KAPITEL

Immunstärkung

Ununterbrochen bombardiert unsere Umwelt unseren Körper mit Bakterien, Viren, Pilzen und Parasiten. Ein starkes Immunsystem ist unser wirksamster Schutzschild gegen diese Gefahr. Zwei Dinge muss ein gutes Immunsystem leisten: Es muss feindliche Eindringlinge erkennen können und es muss die Körperzellen schnellstmöglich gegen sie mobilisieren.

Gehobene Stimmung (eine positive Einstellung hilft sehr gegen drohende Krankheiten), richtige Ernährung und ein vernünftiger Lebensstil halten einen auf dem Pfad zur Gesundheit. Dabei sind auch Kräuter hilfreich, denn sie liefern nicht nur Vitamine und Mineralstoffe, sondern auch stimmungshebende Düfte. Einige Kräuter wirken dabei sogar direkt stützend auf das Immunsystem.

Unser Körper verfügt über eine Vielzahl von verschiedenen Abwehrzellen und jedes in diesem Kapitel vorgestellte Kraut

kann eine oder mehrere Arten dieser Zellen stärken.

Knoblauch zum Beispiel lässt die Zahl der Killerzellen ansteigen und beugt so Erkrankungen wie Krebs, aber auch Virusinfektionen vor. Holunder aktiviert Botenstoffe und verhindert die Vermehrung von Viren. Tragant und Knoblauch mobilisieren die Marophagen, »Fresszellen«, die Eindringlinge aufspüren und regelrecht zerstückeln, sodass ihre Überreste von T-Helferzellen entsorgt werden können.

Diese T-Helferzellen werden wiederum vom Sonnenhut (Echinacea) unterstützt, und die Rinde des Lapachobaums bringt den Organismus wieder ins Gleichgewicht, wenn eine Chemotherapie ihn durcheinander brachte.

Die Forschung bestätigt zunehmend die traditionelle Einschätzung, dass manche Kräuter das Immunsystem stärken und Sie sich folglich mit diesen eine lange Gesundheit erhalten können.

Knoblauch *Allium sativum*

Knoblauch besitzt antibakterielle Eigenschaften. Schon auf sumerischen Keilschrifttafeln aus der Zeit um 2600 v. Chr. wird er erwähnt und ein ägyptischer medizinischer Papyrus von 1500 v. Chr. nennt 22 Rezepturen, in denen er vorkommt. In Russland und Japan durchgeführte Studien zeigten, dass er Schwermetalle, darunter Blei, Quecksilber und Kadmium, im Körper zu binden und zu entsorgen vermag.

Pflanzentyp: Winterharte, mehrjährige Pflanze

Beschreibung: 45 cm hoch, 15 cm breit; Scheindolde mit weißen Blüten

Heimat: Kühles Klima; Zentralasien

Verwendete Pflanzenteile: Zwiebeln

Anbau und Ernte
- Feuchte, gut entwässerte Böden und Sonne.
- Brutzwiebeln im Herbst 4 cm tief in die Erde setzen.
- Die gut gewachsene Pflanze nicht mehr gießen; Zwiebeln im Frühsommer ausgraben.
- Zwiebeln trocknen oder in Öl oder Essig einlegen.

Legende und Tradition
- Knoblauch soll ein Schutz gegen böse Geister und Vampire sein.

- In manchen Gegenden Europas band man Kindern Säckchen mit Knoblauch um den Hals oder Bauch, um sie vor verschiedenen Krankheiten zu schützen.
- Im 1. Weltkrieg nutzten britischen Ärzte frisch gepressten Knoblauchsaft zur Desinfizierung von Wunden.

Für Geist und Seele

- 2 Tropfen Knoblauch-Blütenessenz (S. 34–35) in einem Glas Wasser über den Tag verteilt getrunken, stärkt die Objektivität und mindert Ängste, Verfolgungswahn und Zorn.

Für den Körper

- Bei den ersten Anzeichen einer Erkältung in der Nacht an beiden Füßen einen Knoblauchwickel (Rezept nebenstehend) tragen.
- Zur Senkung zu hoher (schlechter) Cholesterinwerte oder eines zu hohen Blutdrucks 2 × täglich eine mit Knoblauchpulver gefüllte Kapsel (S. 21) oder 1 TL Knoblauchtinktur (Rezept nebenstehend) einnehmen.

Hauptwirkungen

Antibiotisch

Cholesterinsenkend

Entgiftend

Zubereitungen

Fußwickel: Eine zerdrückte Knoblauchzehe auf ein Stück Mull legen. Den Mull mit Hilfe einer Binde unter der Fußsohle so befestigen, dass der Knoblauch direkt mit der Sohle in Kontakt ist.

Tinktur: 200 g geschälte Knoblauchzehen auf 1 l Wodka-Wasser-Mischung. Standardmethode (S. 20).

93

Rotbusch *Aspalathus linearis*

Die Zweigspitzen des in seiner Heimat, dem Kapland Südafrikas, Rooibos genannten Strauchs liefern einen angenehm schmeckenden, gerbstoffarmen, koffeinfreien Tee. Tests zeigten, dass der Tee Schäden an der DNA (Vorstufe zum Krebs) gering hält, die Produktion von zwei Enzymen anregt, die für Entgiftung sorgen, sowie die Produktion von Antikörpern steigert, die Allergien und Virusinfektionen bekämpfen.

Pflanzentyp: Aufrechter, mehrjähriger Strauch

Beschreibung: 1,5 m hoch, 1 m breit; nadelförmige Blätter; gelbe Blüten

Heimat: Tropisches Grasland; Südafrika

Verwendete Pflanzenteile: Zweigspitzen

Anbau und Ernte

- Braucht gut entwässerte, saure, sandige Böden und Sonne. Wächst am besten in heiß-trockenem Klima oberhalb 150 m Höhe.
- Im Spätfrühling 12 Stunden in warmem Wasser eingeweichte Samen im Gewächshaus als Oberflächenaussaat säen.
- Triebspitzen ausbrechen, um buschigen Wuchs anzuregen.
- Im zweiten Jahr Zweigspitzen ernten, zerschneiden,

leicht befeuchten und bedeckt 8–24 Stunden fermentieren lassen, dann trocknen.

Legende und Tradition

• Die Buschleute (Khoisan) Südafrikas verwenden Rotbusch zur Behandlung von Verdauungsbeschwerden und Hautirritationen.

Für Geist und Seele

• Zum Abbau von Stress täglich 3 Tassen Aufguss (Rezept nebenstehend) trinken.

Für den Körper

• Um von den immunstärkenden Antioxidantien zu profitieren, täglich 3 Tassen Aufguss (Rezept nebenstehend) trinken.
• Mit abgekühltem Aufguss (Rezept nebenstehend) befeuchtete Wattepads 10 Minuten auf die Augen gelegt, hilft gegen müde Augen.
• Kompressen (Rezept nebenstehend) auf juckende, irritierte Hautpartien gelegt, wirken lindernd.

Hauptwirkungen

Immunstärkend

Mineralreich

Verjüngt die Haut

Zubereitungen

Aufguss: 1 TL getrocknete Rotbuschblätter auf 1 Tasse kochend heißes Wasser. Standardmethode (S. 20).

Kompresse: Aufguss aus 2 TL getrockneten Rotbuschblätter auf 1 Tasse Wasser (Standardmethode S. 20), abkühlen lassen und zur Kompresse (S. 23) verwenden.

Tragant Astragalus membranaceus

Die Tragantwurzel gilt als starke Stütze des Immunsystems, denn sie soll die Zahl der Antikörper drastisch erhöhen und die Produktion des Interferons anregen, ein gegen Viren ankämpfendes Protein. Studien zeigten, dass bei manchen Krebspatienten die Immunfunktion durch Tragant wiederhergestellt wurde. Um die Wirkstoffe zu nutzen, trinkt man die wohlschmeckende Abkochung oder kocht Stücke der Wurzel in deftigen Gerichten mit.

Pflanzentyp: Winterharter, mehrjähriger Strauch

Beschreibung: 30 cm hoch, 30 cm breit; gelbe Schmetterlingsblüten

Heimat: Kühles Klima; Mongolei

Verwendete Pflanzenteile: Wurzel

Anbau und Ernte

- Braucht trockenen, gut entwässerten Boden an sonnigem Standort.
- Frische Samen im Herbst aussäen; oder im Frühjahr 24 Stunden in Wasser vorgeweichte Samen. Die Keimung kann 4–9 Wochen dauern.
- Die Wurzel der 4–7 Jahre alten Pflanze im Herbst ausgraben. Frisch oder getrocknet verwenden.

Legende und Tradition

- Im chinesischen *Pen Tsao Ching* aus dem 1. Jh. n. Chr. wird Tragant ein »königliches« Kraut genannt, das dem ganzen Körper nützt.

Für Geist und Seele

- Zur Stärkung des *chi* (S. 18), der Lebensenergie, die auf den Meridianen den Körper durchfließt, trinkt man nach Bedarf ½ Tasse Abkochung (Rezept nebenstehend).

Für den Körper

- Zur Stärkung des Immunsystems in Scheiben geschnittene Tragantwurzel in Suppen und Eintöpfen mitkochen oder pulverisierte Wurzel auf das Müsli streuen.
- Bei Erkältung oder Entzündung der oberen Atemwege (Bronchitis) bis zum Abklingen der Symptome 3 x täglich 1 TL Tinktur (Rezept nebenstehend) in etwas Wasser einnehmen.
- Für eine bessere Durchblutung der Haut und zur Ausschwemmung von Giftstoffen aus dem Körper 3 x täglich 1 Tasse Abkochung (Rezept nebenstehend) trinken.

Hauptwirkungen

Antiviral

Immunstärkend

Entgiftend

Zubereitungen

Abkochung: 30 g getrocknete oder 60 g frische Tragantwurzel auf 750 ml Wasser. Standardmethode (S. 20).

Tinktur: 200 g getrocknete oder 400 g frische Tragantwurzel auf 1 l Wodka-Wasser-Mischung. Standardmethode (S. 20).

Blassfarbener Sonnenhut *Echinacea angustifolia*

Die großen Blütenköpfe mit den schmalen Zungenblüten locken Bienen und Schmetterlinge an. Die über antibiotische und antivirale Wirkstoffe verfügende Pflanze kann vor allem eine beginnende Erkältung in Schach halten. Bei anhaltendem Gebrauch lässt dieser Effekt allerdings nach, weshalb man nur bei den ersten Anzeichen danach greifen sollte. Die größte Heilkraft steckt in den Wurzeln, doch auch die Blätter enthalten Wirkstoffe.

Pflanzentyp: Mehrjährige, ausdauernde Staude

Beschreibung: 1 m hoch, 45 cm breit; rote Blütenköpfe mit Zungenblüten

Heimat: Kühles Klima; Nordamerika

Verwendete Pflanzenteile: Wurzeln, Blätter, Stängel

Anbau und Ernte
• Braucht gut entwässerte, fruchtbare Böden und Sonne.
• Samen im Gewächshaus säen; im Frühjahr Umpflanzung ins Freie.
• Wurzeln der 2–4 Jahre alten Pflanze im Schatten trocknen.

Legende und Tradition
• Die Prärieindianer Nordamerikas kurierten mit Sonnenhut viele Leiden, darunter Schlangenbisse und Fieber.

Blassfarbender Sonnenhut

Die Wirkstoffe von E. purpurea (im Bild) sitzen in den oberirdischen Pflanzenteilen.

Für Geist und Seele
- Eine Tasse der Abkochung (Rezept nebenstehend) bringt die Heilenergie in Schwung.

Für den Körper
- Bis zu 3 mit pulverisierter Sonnenhutwurzel gefüllte Kapseln (S. 21) oder 1½ TL Tinktur (Rezept nebenstehend) alle 3–4 Stunden während der ersten 24 Stunden einer beginnenden Erkältung eingenommen, stoppt den Infekt. Danach zu Tragant (S. 96) wechseln.
- Um die Wirkung von Insektenstichen zu lindern, 1 Tropfen Tinktur (Rezept nebenstehend) auf dem Stich verreiben.

Süßholz *Glycyrrhiza glabra*

In China »der Großvater aller Kräuter« genannt, wird die Süßholzwurzel schon seit 4000 Jahren in der TCM (S. 19) genutzt und gilt dort als »königliches« Kraut, das die Körperfunktionen ausgleicht und reguliert und die Immunzellen anregt, Eindringlinge zu bekämpfen. Nicht mehr als 20 g Süßholzwurzel täglich verwenden; bei Bluthochdruck und Schwangerschaft ganz meiden.

Pflanzentyp: Winterharte, mehrjährige Staude

Beschreibung: 1 m hoch, 1 m breit; rosaviolette Schmetterlingsblüten

Heimat: Alle Klimazonen; Eurasien

Verwendete Pflanzenteile: Wurzel

Anbau und Ernte

- Wurzelstecklinge (15 cm lang mit einem Auge) im Frühjahr an sonniger Stelle mit Handspannen weitem Abstand 10 cm tief in fruchtbare, feuchte Erde (kein Lehm) setzen.
- Wurzeln in der Wachstumsperiode feucht, im Spätsommer trocken halten, damit sich Süße entwickelt.
- Gut düngen; Blüten zur Verbesserung der Wurzelqualität als Knospen ausbrechen.
- Wurzeln der 3–4 Jahre alten Pflanze im Herbst ernten; trocknen.

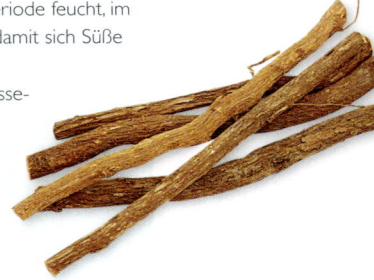

Legende und Tradition
- Im alten Ägypten war Süßholz-Wasser seiner Süße wegen ein beliebtes Getränk. (Süßholz ist der Grundstoff für echte Lakritze.)
- Altrömische Soldaten stärkten durch Kauen der Wurzel ihre Energie für den Kampf.
- Um den Bieren Gehalt und Farbe zu verleihen, fügten englische Bierbrauer Porter und Stout Süßholzextrakt bei.

Für Geist und Seele
- Frische Süßholzwurzel kauen reinigt die Meridiane und gibt dem *chi* (S.18) freien Fluss.

Für den Körper
- 3 × täglich je 1 Tasse Abkochung (Rezept nebenstehend) trinken, hilft gegen Halsentzündung.
- Gegen Bronchitis und asthmatischen Husten 2 Wochen lang 3 × täglich 1–2 TL Sirup (Rezept nebenstehend) einnehmen. Bei weiterbestehendem Husten einen Arzt aufsuchen.
- Zur Neutralisierung von Giften im Körper frische Süßholzwurzel kauen.

Hauptwirkungen

Antimikrobiell

Schleimlösend

Immunanregend

Zubereitungen

Abkochung: 3 TL geschälte, zerquetschte oder 3 TL pulverisierte Süßholzwurzel mit 750 ml Wasser 10 Minuten köcheln lassen, dann abseihen.

Sirup: 500 ml Abkochung (siehe oben) mit 500 ml Honig vermischen und rühren, bis der Honig gelöst ist. Hält sich im Kühlschrank aufbewahrt sehr lange.

101

Gelbwurz *Hydrastis canadensis*

Gelegentlich auch Orangenwurzel genannt, gehört die Hydrastiswurzel in den USA zu den meistverkauften medizinisch wirksamen Kräutern, denn sie wirkt gegen Bakterien und Pilze, aktiviert die Makrophagen und regt die Durchblutung der Milz an, die ihrerseits das Blut reinigt. Holen Sie den Rat eines Kräuterkundigen ein, ehe Sie Kanadische Gelbwurz verwenden; Schwangere müssen sie unbedingt meiden. Das Kraut nie länger als 1 Woche am Stück anwenden.

Anbau und Ernte
- Bevorzugt fruchtbare, feuchte, lehmige Böden und einen halbschattigen Standort.
- Vermehrung aus Samen oder Wurzelstecklingen mit Knospe.
- Wurzeln zweijähriger Pflanzen im Herbst ernten; frisch oder getrocknet verwenden.

Legende und Tradition
- Die Ureinwohner Nordamerikas behandelten mit der Wurzel Entzündungen der Atemwege, des Verdauungs- und Urogenitaltrakts.

Pflanzentyp:
Mehrjährige Staude

Beschreibung: 30 cm hoch, 25 cm breit; Blüte mit weißen Staubblättern

Heimat: Feuchte Nadelwälder; Nordamerika

Verwendete Pflanzenteile:
Wurzel

Zubereitungen

Aufguss: 30 g getrocknete oder 60 g frische Hydrastiswurzel auf 1 l Wasser. Standardmethode (S. 20).

Tinktur: 200 g getrocknete oder 400 g frische Hydrastiswurzel auf 1 l Wodka-Wasser-Mischung. Standardmethode (S. 20).

Für Geist und Seele

- Die Abkochung aus der Wurzel (Rezept nebenstehend) wirkt gegen emotionale und geistige Erschöpfung.

Für den Körper

- Gegen Geschwüre im Mundbereich, Zahnfleisch- und Halsentzündung 3 x täglich mit Wurzeltinktur (Rezept nebenstehend) in einem Glas warmem Wasser gurgeln.
- Bei juckendem Vaginalpilz 1 TL Abkochung (Rezept nebenstehend) mit ½ Tasse Wasser mischen, die Intimregion damit waschen.
- 1 TL Tinktur (Rezept nebenstehend) mit ½ Tasse Wasser vermischt zum Waschen betroffener Hautareale bei Hautentzündungen (Akne oder Masern) verwenden.
- Bei Nagelentzündung eine Paste aus 10 Tropfen Tinktur (Rezept nebenstehend) und je ½ TL Vitamin E haltigem Öl und Honig auftragen.

Hauptwirkungen
Immunstärkend
Entzündungshemmend
Antiseptisch

Oregano *Origanum vulgare*

Das auch als echter Dost oder Wilder Majoran bekannte Gewürzkraut ist aus der Mittelmeer-küche nicht mehr wegzudenken. Doch obwohl das Kraut fast nur als leicht pfeffrig schmeckende Würze der italienischen Pizza oder als Zutat des französischen Kräutersträußchens, des *Bouquet garni,* bekannt ist, verfügt es, wie polnische Stu-dien zeigten, über die Fähigkeit, das Immunsys-tem wie kaum ein anderes Kraut zu aktivieren.

Anbau und Ernte

- Braucht trockenen, gut entwässerten Boden und sonnigen Standort.
- Vermehrung durch Samen (im Frühling bei 10–13 °C), Stecklinge (im Sommer) oder Tei-lung (im Herbst oder Frühjahr).
- Oberirdische Teile im Spätsommer ernten, gebündelt trocknen.

Legende und Tradition

- Den Ägyptern galt das als heilig erachtete Kraut als dem Osiris geweiht; sie flochten daraus Ritualkränze.
- Den Griechen galt Dost als Antidot gegen Gift.

Pflanzentyp: Winterhartes, mehrjähriges Kraut

Beschreibung:
60 cm hoch, 75 cm breit; kleine Blätter

Heimat: Warmes Klima; Mittelmeerraum

Verwendete Pflanzenteile: Blätter, Blüten, ätherisches Öl (der Blätter und Blüten)

Zubereitungen

Dreifach starker Auf-guss: 3 TL getrocknete oder 6 TL frische Dost-blätter auf 1 Tasse kochend heißes Wasser. Standardmethode (S. 20).

Dreifach starker Ölaus-zug: Aufguss nach Stan-dardmethode (S. 23) herstellen, Vorgang noch 2 x mit dem erhaltenen Öl, aber mit jeweils neuen Blättern wieder-holen.

Für Geist und Seele

- Zur Stimulierung des Hals-
chakras (S. 17) und Erlangung
emotionaler Kraft, 2 Tropfen
Ölauszug (S. 23) mit im Uhr-
zeigersinn kreisender Bewegung in die Halshaut
einmassieren, dann einige Sekun-
den auf den Punkt in der Mitte des
Massagekreises klopfen.

Für den Körper

- Bei Halsentzündung alle 2 Stunden 4–6 x täglich entweder mit 1 Tasse dreifach starkem
Aufguss (Rezept nebenstehend) oder mit
4 Tropfen Ölauszug (Rezept nebenstehend)
auf 1 Tasse Wasser gurgeln und dann
schlucken.
- Bei Nagelpilz (Candida) und Entzündung der
Nägel und umgebender Haut einige Tropfen
Ölauszug (S. 23) auf die betroffene Stelle auftragen, bis der Pilz beseitigt ist.

Hauptwirkungen

Tötet Krankheitskeime

Bekämpft Parasiten

Gegen Candidapilz

Schwarzer Holunder *Sambucus nigra*

Dieser baumartige Strauch mit seinen duftenden weißen Blütenständen wird gern als »Medizinschrank« bezeichnet, denn Blätter, Blüten und Früchte verfügen über Wirkstoffe. Die Früchte sind reich an Antioxidantien und angeblich wirksamer gegen Viren als Sonnenhut (S. 98), die Forschungen sind jedoch noch nicht abgeschlossen.

Pflanzentyp: Laubwerfender baumartiger Strauch

Beschreibung: 3,5 m hoch, 3,5 m breit; weißliche Blüten, schwarzviolette Früchte

Heimat: Kühles Klima; Europa, SW-Asien

Verwendete Pflanzenteile: Blätter, Blüten, Früchte

Anbau und Ernte
• Braucht feuchte, lehmige Böden und Sonne.
• Vermehrung aus Samen oder Stecklingen.
• Blüten im Spätfrühling ernten und frisch oder getrocknet verwenden. Fruchternte im Herbst, wenn die Beeren vollreif sind. Frisch (aber niemals roh!) oder getrocknet verwenden.

Legende und Tradition
• Wer sich in der Nacht der Sommersonnenwende unter einen Holunder stellt, sieht den Elfenkönig.

Holunderblütenaufguss ist ein gutes Gesichtswasser gegen Falten und Hautirritationen.

Hauptwirkungen

Bekämpft Viren

Beruhigt Nerven

Hilft der Haut

Für Geist und Seele

- Holunder-Aufguss (Rezept nebenstehend) zu trinken, beruhigt die Nerven.
- Mit dem Bügeleisen erhitzte Holunderblätter heiß auf die Stirn gelegt, lindern nervösen Kopfschmerz.

Für den Körper

- Bei fieberhafter Erkältung 3 × täglich 1 Tasse Fruchtaufguss (Rezept nebenstehend) trinken.
- Gegen Sonnenbrand die betroffene Haut 2 × täglich mit abgekühltem Blütenaufguss (Rezept nebenstehend) betupfen.
- Frostbeulen nach Bedarf mit Blütencreme (Rezept nebenstehend) einreiben.

Zubereitungen

Blüten- oder Fruchtaufguss: 1½ TL getrocknete oder 3 TL frische Blüten oder 1 TL getrocknete oder 2 TL frische Früchte auf 1 Tasse kochend heißes Wasser. Standardmethode (S. 20).

Blütencreme: 25 g Bienenwachs schmelzen, 8 TL Holunderblüten-Ölauszug und 2 TL Blütentinktur (S. 20) einrühren. Abseihen, in einem Tiegel aufbewahren.

Chinesisches Spaltkölbchen *Schisandra chinensis*

Die Chinesen nennen die Früchte dieser Kletterpflanze »Fünf-Geschmack-Frucht«, denn sie schmecken zugleich bitter, süß, scharf, salzig und sauer. Zusammen helfen diese »Geschmäcker« den Körper auszubalancieren und allgemeines Wohlbefinden zu erzeugen. Darüber hinaus sollen die Schisandrafrüchte auch das Immunsystem stärken.

Pflanzentyp: Laubwerfende Kletterpflanze

Beschreibung: Bis 9 m lang; duftende rosa Blüten, rote Früchte

Heimat: Kühles Klima; N-China, Korea

Verwendete Pflanzenteile: Früchte

Anbau und Ernte

- Vorzugsweise in fruchtbarer, leicht saurer Erde in Sonne oder Halbschatten halten.
- Im Herbst 12 Stunden in warmem Wasser eingeweichte Samen im Gewächshaus pflanzen. (Die Keimung ist schwierig, man braucht weibliche und männliche Samen, außer man hat die Sorte »Eastern Prince«).
- Früchte im Sommer ernten; frisch oder sonnengetrocknet verwenden.

Legende und Tradition

- Die Chinesen verwendeten die Früchte gegen Erschöpfung, zur Unterdrückung von Husten und zur Steigerung der sexuellen Potenz.

Zubereitungen

Kräuterwein: 100 g getrocknete oder 200 g frische Schisandrafrüchte auf 1 l Rotwein. Standardmethode (S. 22).

Tinktur: 200 g getrocknete oder 400 g frische Schisandrafrüchte auf 1 l Wodka-Wasser-Mischung. Standardmethode (S. 20).

Chinesisches Spaltkölbchen

Für Geist und Seele

- Zur Stärkung der Drei Schätze (S. 18) *jing, chi* und *shen* den Saft der frischen Früchte auspressen und mit Wasser oder anderen Fruchtsäften verdünnt nach Bedarf trinken.
- Ein Sherryglas voll Kräuterwein (Rezept nebenstehend) täglich vor der Hauptmahlzeit getrunken, verringert geistige Verwirrung.
- Zur Erhaltung von Energie und Aufmerksamkeit getrocknete Früchte essen.

Für den Körper

- Zur Stärkung des Immunsystems und zum Schutz der Leber vor Infektionen regelmäßig frische oder getrocknete Früchte samt Kernen essen.
- 3 x täglich ½–1 TL Tinktur (Rezept nebenstehend) in etwas Wasser oder Saft eingenommen, normalisiert den Blutzuckerspiegel.

Hauptwirkungen

Schützt die Leber

Baut Stress ab

Stärkt die Vitalität

Lapachobaum *Tabebuia impetiginosa*

Mit seinen in großen Trugdolden stehenden rötlichen Blüten ist der Lapachobaum eine tropische Gartenzier. Doch dient sein gegen Insekten und Witterungseinflüsse resistentes Holz auch als Baumaterial. Die rund 20 Wirkstoffe der Pflanze finden sich in der inneren Rinde und haben Eigenschaften, die gegen Bakterien, Viren, Pilze und Tumore eingesetzt werden können.

Pflanzentyp: Regengrüner, laubwerfender Baum

Beschreibung: 30 m hoch, 8 m breit; in Trugdolden stehende Blüten

Heimat: Tropischer Regenwald; Südamerika

Verwendete Pflanzenteile: Innere Rinde

Anbau und Ernte
- Der Baum kann in gut entwässertem, fruchtbarem Boden aus Samen oder Stecklingen gezogen werden, braucht aber feuchtheißes Klima und Sonne.
- Erwachsene Pflanzen ertragen kurzen Frost.
- Die innere Rinde wird von Wildbäumen gewonnen, die als Bauholz geschlagen werden.

Legende und Tradition

- Die Ureinwohner Mittel- und Südamerikas nutzten das Holz des Lapachobaums gern zur Herstellung ihrer Pfeile, Bögen und Speere.
- Ein russischer Chemiker stellte im 19. Jahrhundert eine Zahncreme mit Lapachorindenauszug her.

Für Geist und Seele

- 3 × täglich 1 Tasse Lapacho-Abkochung stärkt die Vitalität.

Für den Körper

- Gegen Candidamykose 3 × täglich 1 Kapsel (S. 21) mit pulverisierter Lapachorinde einnehmen.
- Bei Erkältung 2–4 × täglich ½–1 Tasse Abkochung (Rezept nebenstehend) trinken.
- Gegen Warzen ein Stück Watte mit Abkochung tränken, mittels Pflaster oder Binde auf der Warze fixieren und über Nacht einwirken lassen. Wiederholen, bis die Warze verschwindet.

Hauptwirkungen
Antimikrobiell
Antitumoral
Schmerztötend

Zubereitungen

Abkochung: 30 g Lapachorinde auf 750 ml Wasser. Standardmethode (S. 20).

Tinktur: 200 g Lapachorinde auf 1 l Wodka-Wasser-Mischung. Standardmethode (S. 20).

111

4. KAPITEL

Schützende Kräuter

Die für dieses Kapitel ausgewählten Kräuter besitzen schützende Kräfte für verschiedene Aspekte unseres Wohlbefindens, denn sie schützen Körper und Geist, beeinflussen unsere Emotionen und das spirituelle, ja sogar das umweltliche Gefüge.

Einige der Kräuter schützen Teile unseres Körpers oder den ganzen Körper vor bestimmten Krankheiten. Fenchel beispielsweise schützt die Leber, die Heidelbeere die Augen, Stevia vor Übergewicht. Der Einjährige Beifuß ist ein wirksames Antimalariamittel, Frauenmantel gilt als hilfreich in allen Aspekten der Frauenheilkunde und Mutterkraut beugt Migräneanfällen vor (eine Weisheit der alten Kräuterfrauen, die von der Forschung bestätigt wird).

Thymian und andere Kräuter schützen durch ihre antimikrobiellen Eigenschaften und dienen damit dem Körper nicht nur direkt, sondern auch indirekt, indem man sie als natürliche Reiniger und Desinfektionsmittel einsetzen kann.

Die Schutzwirkung mancher Pflanzen kann sich auch auf die Umwelt beziehen. So habe ich den Niembaum hier aufgenommen, weil er ein biologisches Schädlingsbekämpfungsmittel liefert, aus Beinwell hingegen kann man einen natürlichen Dünger gewinnen. So tragen beide Pflanzen dazu bei, die Verwendung chemischer Mittel in der Landwirtschaft zu reduzieren. Beide wirken aber auch auf den menschlichen Körper. Niembaumextrakt stärkt die Immunkräfte, Beinwell beschleunigt die Zellerneuerung.

Kräuter wie die Ringelblume schließlich haben nicht nur körperlich relevante Wirkstoffe (sie vermag die Haut zu schützen), sondern auch Wirkstoffe, die Geist und Seele positiv beeinflussen. Und das Märzveilchen vermag uns zu beruhigen, wenn die Emotionen allzu stark hochkochen.

Gelbgrüner Frauenmantel *Alchemilla xanthochlora*

Der botanische Name *Alchemilla* leitet sich ab vom Arabischen *al kimiya* (»Kunst des Legierens« = Alchemie), denn schon in der mystisch und symbolisch geprägten Chemie des Mittelalters hielt man die Pflanze für wirkmächtig, vor allem bei Frauenleiden aller Art. Neben der hier genannten, auch schulmedizinisch genutzten Art verfügen auch *A. mollis* und *A. vulgaris* über ähnliche Wirkstoffe. Alle Arten sind während der Schwangerschaft zu meiden.

Pflanzentyp: Winterharte, mehrjährige Pflanze

Beschreibung: 60 cm hoch, 70 cm breit; gelblichgrüne Blüten

Heimat: Kühles Klima; Europa, N-Asien

Verwendete Pflanzenteile: Blätter, Wurzel

Anbau und Ernte

- Bevorzugt fruchtbare Lehmböden in Sonne oder Halbschatten.
- Samen im Frühjahr säen oder Pflanze im Herbst teilen.
- Frische Blätter nach Bedarf ernten; zum Trocknen während der Blüte.
- Nach der Blüte stark beschneiden, um neuen Austrieb zu fördern.

Legende und Tradition

- Im 15. und 16. Jahrhundert nutzte man auf europäischen Schlachtfeldern die wundheilenden Eigenschaften des Frauenmantels.
- Der auf Alpenweiden wachsende Frauenmantel soll die Milchproduktion der Kühe anregen.

Für Geist und Seele

- Um nach einem aufwühlenden Erlebnis die innere Ruhe zurückzugewinnen, 2 Tropfen Blütenessenz (S. 34–35) in ein Glas Wasser geben und über den Tag verteilt trinken.

Für den Körper

- Bei Menstruationsbeschwerden nach Bedarf 3 x täglich 1 Tasse Aufguss (Rezept nebenstehend) trinken.
- Die Brüste 2 x täglich mit Ölauszug der Frauenmantelwurzel (S. 23) massieren, hat festigende Wirkung.
- Gegen geschwollene Augenlider heiße Kompressen (Rezept nebenstehend) auf die geschlossenen Augen legen und 20 Minuten einwirken lassen.

Hauptwirkungen

Menstruationsregulierend

Adstringierend

Entzündungshemmend

Zubereitungen

Aufguss: 1 TL getrocknete oder 2 TL frische Frauenmantelblätter auf 1 Tasse kochend heißes Wasser. Standardmethode (S. 20).

Kompresse: Aus 2 TL getrockneten oder 4 TL frischen Frauenmantelblättern auf 1 Tasse kochend heißes Wasser einen Aufguss herstellen (s.o.) und Kompressen damit tränken. Standardmethode (S. 23).

Einjähriger Beifuß *Artemisia annua*

Schon in der TCM als Mittel gegen Malaria verwendet, erwies die moderne Forschung, dass das in den Blättern und Blütenständen der Pflanze enthaltene Artemisinin ein hervorragender Wirkstoff gegen den Erreger der Malaria tropica ist, der nur wenige der Nebenwirkungen anderer Malariamittel auslöst. Gegenwärtig wird geprüft, ob Artemisinin auch zur Bekämpfung von Krebstumoren eingesetzt werden kann. Während der Schwangerschaft ist Beifuß zu meiden.

Anbau und Ernte
- Wächst problemlos auf gut entwässerten, lehmigen Böden an sonnigem Standort.
- Samen im späten Frühjahr säen.
- Blätter im Sommer vor der Blüte (erfolgt August–September) ernten, frisch oder getrocknet verwenden.

Legende und Tradition
- In der TCM dient der Aufguss aus den Blättern des Einjährigen Beifuß seit 1500 Jahren als Mittel gegen Fieber.

Pflanzentyp:
Einjährige Pflanze

Beschreibung: 2,5 m hoch, 60 cm breit; kleine gelbliche Blüten

Heimat: Kühles Klima; Asien, SO-Europa

Verwendete Pflanzenteile: Blätter, Blüten, ätherisches Öl (der Samen)

Zubereitungen

Aufguss: 1 TL getrocknete oder 2 TL frische Beifußblätter auf 1 Tasse kochend heißes Wasser. Standardmethode (S. 20). Falls nötig, mit Honig süßen.

Kompresse: Aufguss (s.o.) aus 2 TL getrockneten oder 4 TL frischen Beifußblättern herstellen und Kompressen damit tränken. Standardmethode (S. 23).

- In Indochina nutzt man die Pflanze gegen Gelbsucht, Ruhr und Hautprobleme.

Für Geist und Seele

- Einige Tropfen aus den Blättern gewonnenen Ölauszug (S. 23) auf ein Tuch träufeln und daran riechen, mindert Emotionen wie Ärger.

Für den Körper

- Alle 6 Stunden 1 Tasse Aufguss (Rezept nebenstehend) trinken, ist eine erste Notfallbehandlung bei Malaria. (Doch so rasch wie möglich einen Arzt aufsuchen.)
- Gegen Husten, Erkältung und Nebenhöhlenbeschwerden 3 x täglich eine 10-minütige Dampfinhalation (S. 22) mit 2–3 Tassen Aufguss (Rezept nebenstehend) machen.
- Auf wundgekratzte oder entzündete Insektenstiche eine Kompresse (Rezept nebenstehend) legen. So oft wiederholen, bis die betroffene Stelle geheilt ist.

Hauptwirkungen

Tötet Malariaerreger

Hilft den Atemwegen

Senkt Fieber

Niembaum *Azadirachta indica*

Auch Nim- oder Neembaum genannt, liefert er ein biologisches, für Säugetiere ungiftiges Schädlingsbekämpfungsmittel, das in großem Maße eingesetzt wird. Die Blätter und das ätherische Öl bekämpfen Pilze, Viren und Bakterien und wirken senkend bei zu hohem Blutzucker, Blutdruck und Cholesterinwert und regen das Immunsystem an.

Anbau und Ernte
- Erfordert trockene Hitze, stirbt bei Frost und Staunässe ab.
- Weniger als 6 Monate alte Samen an warmem, sonnigem Standort säen.
- Ernte der Blätter ganzjährig, der Früchte nach 3–5 Jahren.

Legende und Tradition
- Indischer Mythologie zufolge fielen Tropfen vom Elixier der Unsterblichkeit auf den Niembaum.
- In Indien schützt man Reispflanzen mit Niemblättern vor Insekten.

Pflanzentyp:
Immergrüner Baum

Beschreibung: 16 m hoch, 18 m breit; duftende weißliche Blüten

Heimat: Tropenländer; Ostindien

Verwendete Pflanzenteile:
Blätter, Blüten, Rinde, Früchte, ätherisches Öl (der Samenkeime)

Die Samenkerne liefern ein ungiftiges Pestizid, das unter anderem gegen Heuschrecken und Schaben wirkt.

Für Geist und Seele

• Ein Hindusprichwort sagt: Drei Niembäume pflanzen verbessert dein Karma.

Für den Körper

• Zähne und Zahnfleisch 2 × täglich mit Niemblättern einreiben, hält die Zähne gesund.

• Zur Behandlung von Warzen, Akne und Ekzemen bis zur Besserung 2 × täglich Niembalsam (Rezept nebenstehend) auftragen.

• Gegen Candidamykose der Vagina bis zum Abklingen täglich 1 Tasse starken Niemblattaufguss (Rezept nebenstehend) heiß trinken, außerdem die Intimregion mit abgekühltem Aufguss waschen und einen getränkten Tampon einführen (3 × täglich wechseln).

Ringelblume *Calendula officinalis*

Bereits die alten Ägypter schätzten die Ringelblume als verjüngende Pflanze. Heute findet sich der Extrakt der Blüten seiner antiseptischen und antimykotischen Inhaltsstoffe wegen in vielen im Handel angebotenen Hautcremes. In Frankreich unternommene klinische Untersuchungen zeigten, dass Ringelblumensalbe besonders gut geeignet ist, Hautschäden zu heilen, die durch die Bestrahlungstherapie bei Brustkrebs entstehen.

Pflanzentyp: Winterharte, einjährige Pflanze

Beschreibung:
Warmes Klima; Mittelmeerraum

Heimat: Warmes Klima; Mittelmeerraum

Verwendete Pflanzenteile:
Blüten, Blätter

Anbau und Ernte
- Gedeiht in gut entwässerten Böden an sonnigen Standorten.
- Samen zwischen Frühjahr und Frühsommer direkt ins Beet säen.
- Ernte der Blätter ganzjährig, der geöffneten Blüten im Sommer. Verwendung beider Teile frisch oder getrocknet; Blüten gleich nach der Ernte trocknen oder einen Ölauszug daraus bereiten (S. 23).

Legende und Tradition

- Im Mittelalter glaubte man, ein Mädchen, das mit nackten Füßen Ringelblumen berührt, könne die Sprache der Vögel verstehen.
- Im Amerikanischen Bürgerkrieg heilte man offene Wunden mit Ringelblume.

Für Geist und Seele

- Um sich während des Schlafs vor dem Bösen zu schützen, eine Handvoll Ringelblumenblüten unter das Bett streuen.
- Ein 20-minütiges Bad, dem 2 Tassen Ringelblumenblüten-Aufguss (Rezept nebenstehend) beigegeben wurde, hilft gegen Nervosität.

Für den Körper

- Aufgesprungene, raue Haut oder vom Stillen wunde Brustwarzen 2 x täglich mit Ölauszug (S. 23) aus Blättern oder Blüten einreiben.
- Windelausschlag, Riss-, Quetsch- oder andere Wunden, venöse Stauungen und Krampfadern 3 x täglich mit Ringelblumensalbe (Rezept nebenstehend) behandeln.

Hauptwirkungen

Schützt die Haut

Antimikrobiell

Entzündungshemmend

Zubereitungen

Aufguss: 1–2 TL getrocknete Ringelblumenblüten auf 1 Tasse kochend heißes Wasser. Standardmethode (S. 20).

Salbe: 1 Tasse Ringelblumen-Ölauszug (S. 23) erwärmen und 30 g geschmolzenes Bienenwachs einrühren. In verschließbaren Gläsern kühl gelagert bis zu einem Jahr haltbar.

Fenchel *Foeniculum vulgare*

Alle Teile dieses großen Doldenblütlers verströmen einen an Anis erinnernden Duft und Kinder kauen gern die Stängel, weil sie nach Lakritze schmecken. Die Blätter, Stiele und Samen des Fenchels sind für ihre verdauungsfördernde Wirkung bekannt. Neuere Forschungen lassen vermuten, dass Fenchel die Leber schützt und durch Alkohol verursachte Leberschäden positiv beeinflusst.

Pflanzentyp: Winterharte, mehrjährige Staude

Beschreibung: 2 m hoch, 1 m breit; Dolden mit kleinen gelben Blüten

Heimat: Alle Klimazonen; Europa

Verwendete Pflanzenteile: Blätter, Blüten, Samen

Anbau und Ernte

- Fenchel stellt keine Ansprüche an den Boden, braucht aber einen sonnigen Standort.
- Samen im Frühjahr säen oder Pflanze durch Teilung vermehren.
- Ernte der Blätter ganzjährig für sofortigen Verbrauch (oder einfrieren), der Blüten im Spätsommer, der reifen Samen im Herbst; zur Lagerung trocknen.

5–10 Fenchelsamen vor den Mahlzeiten gekaut, zügeln den Appetit und helfen so beim Abnehmen.

Hauptwirkungen

Blähungstreibend

Appetitzügler

Verdauungsfördernd

Legende und Tradition
- Fenchel war eines der neun Kräuter, die den Angelsachsen als Schutz vor dem bösen Blick heilig waren.

Für Geist und Seele
- Zur Ableitung schlechter Energien 2 Tropfen Fenchelblütenessenz (S. 34–35) in Wasser geben und daran nippen, während man über die Pflanze meditiert.

Für den Körper
- Gegen Verstopfung 3 × täglich 1 Tasse Fenchelsamenaufguss (Rezept nebenstehend) trinken.
- Eine Dampfinhalation mit Fenchel (Rezept nebenstehend) sorgt für tiefe Hautreinigung.

Zubereitungen

Aufguss: ½ TL zerdrückte Felchelsamen mit 1 Tasse kochendheißem Wasser übergießen. 10 Minuten ziehen lassen, abseihen.

Dampfinhalation: 2 TL zerdrückte Fenchelsamen oder 2 Handvoll frische Fenchelblätter mit 3 l kochendem Wasser übergießen. Standardmethode (S. 22).

Süßstoffpflanze *Stevia rebaudiana*

Das in den Blättern der auch Honigkraut genannten Pflanze enthaltene Steviosid ist 15-mal süßer als Zucker, hat keine Kalorien und erhöht den Blutzuckerspiegel nicht. Auch scheint es die Plaquebildung zu verhindern und so Karies vorzubeugen. In Deutschland ist Stevia in der Lebensmittelindustrie bisher nicht zugelassen, weil es noch nicht hinreichend erforscht ist. Die Süße und der Nachgeschmack der einzelnen Pflanzen variiert. Erwerben Sie deshalb Samen von hochwertigen Mutterpflanzen.

Anbau und Ernte

- Braucht gut entwässerte, lehmige Böden und halbschattigen Standort.
- Die Samen brauchen Licht zum Keimen (deshalb Oberflächenaussaat) und eine konstante Temperatur von mindestens 25 °C.
- Blätter vor dem ersten Frost oder bei Beginn der Blüte ernten (je nachdem, was zuerst eintritt), sie sind dann am süßesten.
- Die ganze Pflanze 15 cm über der Erde kappen; kopfüber aufgehängt trocknen.

Pflanzentyp:
Mehrjährige Staude

Beschreibung: 80 cm hoch, 45 cm breit; weiße Korbblüten

Heimat: Tropenklima; Brasilien

Verwendete Pflanzenteile: Blätter

Zubereitungen

Sirup: 3 EL getrocknete Steviablätter in 2 Tassen kochendes Wasser geben und 3 Minuten kochen lassen. Abkühlen, abseihen, in eine Flasche füllen und im Kühlschrank aufbewahren.

Aufguss: 2 TL frische Steviablätter oder 1 TL Steviapulver auf 1 Tasse kochend heißes Wasser. Standardmethode (S. 20).

Legende und Tradition

- In Südamerika werden die
  Blätter bei Diabetes, Bluthochdruck und zur Empfängnis-
  verhütung verwendet.
- Als im 2. Weltkrieg Zucker
  rationiert wurde, bauten die
  Briten Stevia als Ersatz an.

Für Geist und Seele

- Bei Heißhunger auf Süßes 2 Steviablätter in die übliche Tasse Tee geben oder
  ein frisch von der Pflanze gezupftes Blatt
  kauen.

Für den Körper

- Als Hilfe beim Abnehmen Zucker oder
  anderen Süßstoff in heißen Getränken oder
  beim Kochen durch Steviasirup (Rezept
  nebenstehend) ersetzen.
- Zur Erhaltung der Zahngesundheit den Mund
  2 × täglich (morgens und abends) mit abgekühltem Aufguss (Rezept nebenstehend)
  spülen.

Hauptwirkungen

Hilft abzunehmen

Reguliert Blutzucker

Beugt Karies vor

Beinwell *Symphytum officinale*

Seines Kalium- und Phosphorgehalts wegen wird Beinwell als natürlicher Dünger genutzt. Auch beschleunigen die Blätter den Verrottungsprozess und werden gern unter den Kompost gemischt. Das in der Pflanze enthaltene Allantoin regt die Zellerneuerung der Muskeln, Knochen und Sehnegewebe an, weshalb man Beinwell gegen schmerzhafte Muskel- und Gelenkbeschwerden, Prellungen, Zerrungen und Ähnliches verwendet. Menschen mit Leberleiden dürfen Beinwell nicht innerlich anwenden.

Pflanzentyp: Winterharte, mehrjährige Staude

Beschreibung: 20 cm hoch, 60 cm breit; rotviolette oder weißliche Blüten

Heimat: Kühles Klima; N-Europa

Verwendete Pflanzenteile: Blätter, Wurzeln, Blüten

Anbau und Ernte

• Braucht nährstoffreiche, feuchte Böden und Sonne oder Halbschatten.
• Vermehrung durch Wurzelteilung.
• Frische Blätter ganzjährig nach Bedarf ernten, zum Trocknen kurz vor der Blüte. Blüten im Sommer pflücken. Wurzeln 2-jähriger Pflanzen im Herbst ausgraben, frisch oder getrocknet verwenden.

Legende und Tradition
- Der römischen Arzt Dioskurides verwendete Beinwell zur Heilung von Knochenbrüchen.
- Im Mittelalter glaubte man, Beinwell könne die »Jungfräulichkeit« erneuern.

Für Geist und Seele
- 2 Tropfen Beinwell-Blütenessenz (S. 34–35) auf ein Glas Wasser über den Tag verteilt getrunken, aktiviert das Kreuz-*chakra* (S. 17).

Für den Körper
- Gegen trockene Hautstellen, kleine Schnittwunden oder schmerzende Gelenke Beinwell-Salbe (Rezept nebenstehend) auftragen.
- Bei Zahnfleischentzündung den Mund 3 × täglich mit abgekühltem Aufguss (Rezept nebenstehend) spülen.

Tipp: Beinwelldünger
Einen Eimer (Plastik, kein Metall) mit Beinwellblättern füllen, mit Wasser auffüllen, abdecken, 6 Wochen stehen lassen. Vor Verwendung 1 Teil Dünger mit 15 Teilen Wasser verdünnen.

Hauptwirkungen

Heilt Knochen / Sehnen

Fördert Wundheilung

Schmerzstillend

Zubereitungen

Salbe: ½ Tasse Ölauszug aus Beinwellblättern oder Wurzeln, ½ Tasse Ringelblumen-Ölauszug (S. 23) und 1½ TL Bienenwachs im Wasserbad erwärmen und verrühren. Abkühlen lassen. Je 6 Tropfen ätherisches Lavendel- und Thymianöl einrühren. Verschlossen und gekühlt aufbewahren.

Aufguss: 1 TL getrocknete Beinwellblätter auf 1 Tasse Wasser. Standardmethode (S. 20).

Mutterkraut *Tanacetum parthenium*

Botanisch auch als Chrysantemum p. geführt, wirkt Mutterkraut vorbeugend gegen Migräne, denn es fördert die Entspannung der Nackenmuskulatur und hemmt die Ausschüttung von Serotonin, das bei Migräne und rheumatischer Arthritis eine Rolle spielt. Traditionell verwendete man es gegen Menstruationsbeschwerden und im Wochenbett. Schwangere und Menschen, die blutverdünnende Mittel einnehmen, müssen es meiden.

Anbau und Ernte

- Anspruchslos, was den Boden betrifft, braucht aber Sonne.
- Samen im Frühjahr im Gewächshaus oberflächlich säen oder Vermehrung durch Teilung im Frühjahr.
- Blätter ganzjährig, Blüten im Hochsommer ernten.

Legende und Tradition

- Im 17. Jahrhundert verkauften Kräuterkundige ein Gesichtswasser aus Mutterkraut, das gegen Hautflecken wirken sollte.

Pflanzentyp: Winterhart, immergrün, mehrjährig

Beschreibung: 60 cm hoch, 30 cm breit; fiederspaltige Blätter

Heimat: Kühles Klima; Eurasien. SO-Europa

Verwendete Pflanzenteile: Blätter, Blüten

Zubereitungen

Aufguss: 1 TL getrocknete oder 2 TL frische Mutterkrautblätter auf 1 Tasse kochend heißes Wasser. Standardmethode (S. 20). Für schwachen Aufguss Kräutermenge halbieren.

Breiumschlag: 2 Handvoll frische Mutterkrautblätter in etwas Öl sautieren. Handwarm auf den Unterleib legen, mit einem Tuch abdecken.

- Getrocknete Mutterkrautblätter, in Säckchen in den Schrank gehängt, vertreiben Motten.

Für Geist und Seele
- 3 x täglich 1 Tasse Mutterkraut-Aufguss (Rezept nebenstehend) wirkt gegen traurige Stimmung.

Für den Körper
- Zur Vorbeugung gegen Migräne 6 Monate lang täglich 2–4 frische Blätter auf Brot essen (nicht unbegleitet, der Wirkstoff Parthenolid kann zu Schleimhautirritationen führen).
- Gegen Menstruationsschmerzen bei Bedarf 3 x täglich 1 Tasse schwachen Aufguss (Rezept nebenstehend) trinken.
- Zur Linderung von Darmkrämpfen einen handwarmen Breiumschlag (Rezept nebenstehend) auf den Unterleib legen.

Hauptwirkungen

Beugt Migräne vor

Schmerzlindernd

Antirheumatisch

Echter Thymian *Thymus vulgaris*

Der gegen Bakterien und Pilze wirksame Thymian gehört zu den Superstars unter den schützenden Kräutern. Sein ätherisches Öl wirkt, wie der französische Biochemiker Jean Valnet in den 1960er Jahren nachweisen konnte, besser gegen Mikroben als andere ätherische Öle. Sein wichtigster Wirkstoff ist das Thymol, das desinfiziert und vielen Mundwässern beigegeben ist. Als ganzes Kraut ist Thymian besonders wirksam, weil dann auch seine anderen Inhaltsstoffe zum Zuge kommen. Während der Schwangerschaft Thymian nur als Küchenkraut, aber nicht medizinisch verwenden.

Anbau und Ernte

- Bevorzugt leichte, gut entwässerte alkalische Böden und sonnigen Standort.
- Samen im Frühjahr im Gewächshaus säen oder die Pflanze durch Stecklinge oder Ausläufer vermehren.
- Blätter zur frischen Verwendung ganzjährig ernten, zum Trocknen im Spätsommer, ehe sich die Blüten öffnen.

Pflanzentyp: Immergrüner, winterharter Zwergstrauch

Beschreibung: 20 cm hoch, 30 cm breit; hellviolette Blüten

Heimat: Mildes Klima; Mittelmeerraum

Verwendete Pflanzenteile: Blätter, Blüten, ätherisches Öl (der Blätter)

Zubereitungen

Aufguss: 1 TL getrocknete oder 2 TL frische Thymianblätter auf 1 Tasse kochend heißes Wasser. Standardmethode (S. 20).

Tinktur: 200 g getrocknete oder 400 g frische Thymianblätter auf 1 l Wodka-Wasser-Mischung. Standardmethode (S. 20).

Legende und Tradition

- Die Ägypter verwendeten Thymian bei der Einbalsamierung der Leichen.
- Im Mittelalter nutzte man Thymiantee gegen Atemwegskatarrhe, Verdauungsbeschwerden und Würmer.

Für Geist und Seele

- Zur Reinigung der Raumluft ein paar Thymianzweige verbrennen und den aromatischen Rauch durch den Raum wedeln.
- 3 Tassen Thymianaufguss (Rezept nebenstehend) täglich verbessern das Gedächtnis und die Konzentrationsfähigkeit.

Für den Körper

- Gegen hartnäckigen Husten und chronischen Atemwegskatarrh 3 × täglich 1 Tasse Aufguss (Rezept nebenstehend) trinken.
- Gegen Zahnfleischentzündung 3 × täglich 1 TL Tinktur (Rezept nebenstehend) in etwas Wasser oder Saft einnehmen.

Hauptwirkungen

Antimikrobiell

Schleimlösend

Stimuliert Gedächtnis

131

Heidelbeere *Vaccinium myrtillus*

Während des 2. Weltkriegs bemerkten Piloten eine bessere Nachtsicht, wenn sie Heidelbeeren gegessen hatten. Inzwischen bestätigen Forschungen, dass Heidelbeerextrakt die Netzhaut schützt, Makuladegeneration, grauem und grünem Star vorbeugt. Die Blätter enthalten Chrom, das den Blutzuckerspiegel zu regulieren hilft, und die Beeren Anthocyanoside (Antioxidantien, die den Körper vor freien Radikalen schützen) und Eiweißstoffe, die die Zellalterung verzögern.

Pflanzentyp: Laubwerfender Zwergstrauch

Beschreibung: 60 cm hoch, 60 cm breit; rosa-weiße Blüten

Heimat: Kühles Klima; Eurasien

Verwendete Pflanzenteile: Beeren, Blätter

Anbau und Ernte

- Bevorzugt gut entwässerte, saure Böden und Sonne oder Halbschatten.
- Samen im Winter im Gewächshaus säen oder im Herbst durch Stecklinge vermehren.
- Sommerbeeren frisch, getrocknet oder als Saft verwenden; Blätter im Frühherbst frisch oder getrocknet.

Legende und Tradition

- In der Volksheilkunde dienten getrocknete Heidelbeeren gegen Durchfall, frische hingegen als Abführmittel.

Für Geist und Seele

- Täglich ein Glas Heidelbeersaft trinken, bringt Glück und Wohltätigkeit im Leben.

Für den Körper

- 3 × täglich 1 Tasse Heidelbeer-Abkochung (Rezept nebenstehend) dient zur Vorbeugung gegen Augenerkrankungen wie Makuladegeneration, Nachtblindheit und diabetische Netzhauterkrankungen.
- Gegen Krampfadern 3 Wochen lang 3 × täglich 1 Tasse Blattaufguss (Rezept nebenstehend) trinken. 1 Woche Pause einlegen, dann die Kur erneut beginnen.
- Zur Erhaltung der Elastizität der Haut und gegen rote Äderchen 4 × täglich 2 TL Heidelbeersaft einnehmen und morgens und abends Heidelbeerlotion (Rezept nebenstehend) auftragen.

Hauptwirkungen

Antioxidativ

Schützt die Augen

Kreislaufstärkend

Zubereitungen

Abkochung: 1–2 EL zerdrückte frische Heidelbeeren mit 1 Tasse Wasser 10 Minuten köcheln lassen, abseihen.

Aufguss: 1 TL getrocknete oder 2 TL frische Heidelbeerblätter auf 1 Tasse kochend heißes Wasser. Standardmethode (S. 20).

Lotion: 2 EL Heidelbeersaft mit 2 EL Virginischer Zaubernuss mischen.

133

Märzveilchen *Viola odorata*

Das auch Wohlriechendes Veilchen genannte Pflänzchen gilt als Symbol der Bescheidenheit. Blüten, Blätter und Wurzelstock werden zu medizinischen, kulinarischen und kosmetischen Zwecken verwendet. Sie enthalten die Vitamine A und C und Salicylsäure (ein Bestandteil des Aspirins), woher sich erklärt, dass die Volksmedizin das Kraut gegen Kopfweh empfiehlt, und Breiumschläge mit Märzveilchen werden seit 2000 Jahren gegen Hauterkrankungen angewendet.

Pflanzentyp: Winterharte, mehrjährige Pflanze

Beschreibung: 110 cm hoch, 45 cm breit; violette, duftende Blüten

Heimat: Kühles Klima; Europa

Verwendete Pflanzenteile: Blüten, Blätter, Rhizom, ätherisches Öl (der Blätter)

Anbau und Ernte

- Bevorzugt feuchte, doch gut entwässerte, humusreiche Böden im Halbschatten.
- Vermehrung durch Teilung im Frühjahr oder Herbst. Oder Samen im Herbst aussäen.
- Ernte der Blätter ganzjährig, der Blüten im Frühjahr, beide frisch oder getrocknet verwenden.

Legende und Tradition

- Das mit der Göttin Aphrodite in Verbindung gebrachte Märzveilchen wurde im alten Griechenland gern in Liebestränke gegeben.
- Die Römer begrüßten das Frühjahr mit *violetum*, einem Veilchenwein.

Für Geist und Seele

- Zur Dämpfung von Ärger oder Ängstlichkeit je 1 Tropfen Veilchenöl auf Handgelenke, Schläfen und Ellenbogenbeuge geben und 10 Minuten über das Herz-*chakra* (S. 17) meditieren.

Für den Körper

- 1–3 Tassen Blattaufguss (Rezept nebenstehend) helfen bei Kopfschmerzen oder Schlaflosigkeit.
- Gegen trockene Haut und zur Entfernung von Make-up Veilchen-Creme (Rezept nebenstehend) verwenden.
- Gesichtsmaske: 1 Handvoll Märzveilchenblüten unter ½ Tasse Naturjoghurt rühren, 12 Stunden stehen lassen. Auf Hals und Gesicht auftragen, 10 Minuten einwirken lassen.

Hauptwirkungen

Nervenberuhigend

Hautreinigend

Hilft den Atemwegen

Zubereitungen

Aufguss: 1 TL getrocknete oder 2 TL frische Märzveilchenblätter auf 1 Tasse kochend heißes Wasser. Standardmethode (S. 20).

Creme: In einem Wasserbadtopf 25 g Bienenwachs schmelzen und 120 ml Märzveilchen-Ölauszug aus Blüten und Blättern (S. 23) einrühren. Bis zum Erkalten rühren. In Glasbehälter füllen.

5. KAPITEL

Kräuter für den Körper

In den 1940er Jahren untersuchten russische Forscher die Wirkung von verschiedenen Kräutern, darunter Ginseng, Taigawurzel und Rosenwurz, auf Menschen, die einem Dauerstress ausgesetzt waren. Sie stellten fest, dass diese Kräuter dem Körper halfen, mit anhaltenden Stresssituationen besser zurechtzukommen. Schon vor Jahrhunderten bezeichneten die Chinesen Kräuter als »königlich«, wenn sie diese Fähigkeit besaßen. Die Russen bezeichneten solche Kräuter als Adaptogene — so viel wie Anpassungshelfer. Ob man an Arbeitsüberlastung oder chronischem Schlafmangel leidet, die Adaptogene helfen dem Körper, sich schneller zu erholen und seine mentalen und physischen Reserven wieder aufzufüllen. Somit helfen sie, den Stress unter Kontrolle zu halten und jene körperliche und geistige Fitness zu schaffen, die wir brauchen, um ein langes und gesundes Leben zu führen. Neben den schon genannten

sind auch Maralwurzel, Glocken- winde und Lackporling gute Helfer bei Stress.

Doch auch andere Kräuter, etwa Chrysantheme, Salbei und die hübsche Pfingstrose, haben positive Wirkungen auf den Körper. Kinkeliba versorgt den Körper nicht nur mit neuer Energie, als Schlafmittel führt er auch zu erholsamem, aufbau- endem Schlaf. Auch Kräuter, die den Kreislauf anregen und das Herz schützen, wie beispiels- weise Weißdorn, Bocksdorn,

Luzerne und Weinrebe, gehören ebenso in diese Kategorie wie die Süßdolde, die dem Harn- und dem Verdauungstrakt sowie den Atemwegen gute Dienste leistet.

Mit ihren vielen guten Eigen- schaften kommen die außer- gewöhnlichen Kräuter dieses Kapitels dem nahe, was man einst suchte, wenn man nach dem Elixier des Lebens Aus- schau hielt.

Chrysantheme *Chrysanthemum × grandiflorum*

Als taoistische Meister einst bei einem Dorf, in dem die Menschen sehr alt wurden, viele Chrysanthemen sahen, erkannten sie in dieser Pflanze die Lieferanten des Langlebigkeitselixiers. Tatsächlich verfügt die auch Goldblume und Winteraster genannte Chrysantheme über antibiotische und antivirale Eigenschaften, senkt den Blutdruck, entsorgt Toxine, verbessert die Hirntätigkeit, schützt die Leber und die Körperzellen und tut den Augen wohl.

Pflanzentyp: Winterharte, mehrjährige Pflanze

Beschreibung: 1 m hoch, 60 cm breit; leuchtend gelbe Blüten

Heimat: Kühles Klima; O-Asien, N-Afrika

Verwendete Pflanzenteile: Blüten

Anbau und Ernte
- Braucht gut entwässerte Böden in Sonne oder Halbschatten.
- Aussaat von Samen direkt ins Beet im Frühjahr oder Vermehrung durch Teilung oder Stecklinge.
- Die Blüten der von August – November blühenden Pflanze im Herbst ernten und in der Sonne trocknen.

Legende und Tradition

- Das Siegel des japanischen Kaiserhauses zeigt eine Chrysanthemenblüte als Symbol der Freude und Langlebigkeit.

Für Geist und Seele

- Reis oder dem Frühstückshaferbrei beigemischte, mitgekochte und verzehrte Chrysanthemenblüten (2–3 Stück) erzeugen frohe Stimmung und ein ruhiges Herz.
- Zur Verbesserung der geistigen Aufmerksamkeit bis zu 3 × täglich 1 Tasse Aufguss (Rezept nebenstehend) trinken.

Für den Körper

- Gegen Krampfadern morgens und abends eine mit Aufguss getränkte Kompresse (Rezept nebenstehend) auf die betroffenen Stellen legen.
- Gegen müde, rote Augen zwei Wattepads mit abgekühltem Aufguss (Rezept nebenstehend) tränken, leicht ausdrücken, auf die Augen legen und damit 10 Minuten ruhen.

Hauptwirkungen

Kreislaufstärkend

Konzentrationssteigernd

Antimikrobiell

Zubereitungen

Aufguss: 1 TL getrocknete oder 2 TL frische Chrysanthemenblüten auf 1 Tasse kochend heißes Wasser. Standardmethode (S. 20).

Kompresse: Zubereitung mit doppelt starkem Aufguss, dazu 2 TL getrocknete oder 4 TL frische Chrysanthemenblüten auf 1 Tasse Wasser. Standardmethode (S. 20).

Glockenwinde *Codonopsis pilosula*

Diese mehrjährige Schlingpflanze, an deren langen Stielen glockenförmige Einzelblüten sitzen, hat herzförmige Blätter, die einen Raubtiergeruch verströmen, wenn man sie zerdrückt; daher auch ihr anderer Name Tigerglocke. Die Wurzelknolle dient dem ganzen Körper als Adaptogen (S. 136), denn sie stärkt seine Abwehrkräfte, stimuliert das Nervensystem, erhöht die Aufmerksamkeit und ist möglicherweise auch ein Mittel gegen Aids.

Pflanzentyp: Winterharte Schlingpflanze

Beschreibung: Bis 1,5 m lang; blassgrüne Blüten mit purpurnen Grund

Heimat: Kühles Klima; N-China

Verwendete Pflanzenteile: Wurzelknolle

Anbau und Ernte

* Braucht leichte, fruchtbare, gut entwässerte, leicht saure bis neutrale Böden in Sonne oder Halbschatten.
* Oberflächenaussaat im Frühsommer in feuchten, sauren Kompost. Im ersten Jahr im Gewächshaus überwintern. Oder im Frühjahr durch Teilung vermehren.
* Wurzelknollen 3-jähriger Pflanzen im Herbst ernten; frisch oder getrocknet verwenden.

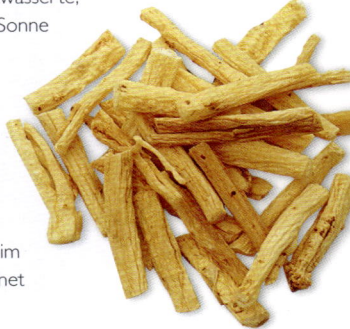

Legende und Tradition

- Zusammen mit den anderen chinesischen Kräutern fu ling, gan cao und bai zhu ist die chinesisch dang shen genannte Glockenwinde Bestandteil einer »Suppe der vier Herren« genannten Brühe, die die Energie steigert.
- In der TCM dient dang shen zur Behandlung von Asthma, Diabetes, Herzklopfen, Gedächtnisschwäche und Schlaflosigkeit.

Für Geist und Seele

- Zur Stärkung des *chi* (S. 18) und des Durchhaltevermögens so lange wie erforderlich bis zu 3 × täglich 1 Tasse Abkochung (Rezept nebenstehend) trinken.

Für den Körper

- Zur Stärkung der Immunkräfte und Erhöhung der roten und weißen Blutkörperchen 3 × täglich 1 TL Tinktur (Rezept nebenstehend) einnehmen.
- Zur Stärkung der körperlichen Energie so lange wie erforderlich bis zu 3 × täglich 1 Tasse Abkochung (Rezept nebenstehend) trinken.

Hauptwirkungen

Stärkt die Vitalität

Erhöht Hirnleistung

Stärkt Immunsystem

Zubereitungen

Abkochung: 30 g getrocknete oder 60 g frische Glockenwindenwurzel auf 750 ml Wasser. Standardmethode (S. 20).

Tinktur: 200 g getrocknete oder 400 g frische Glockenwindenwurzel auf 1 l Wodka-Wasser-Mischung. Standardmethode (S. 20).

Kinkeliba *Combretum micranthum*

Während ich in Gambia arbeitete, beobachtete ich oft junge Männer, die sich aus abgezupften Blättern einer Wildart des Tigerbuschs, dem Kinkeliba, einen siruppartigen Tee kochten, um ihre Energie anzukurbeln. Tatsächlich dient Kinkeliba der Blutreinigung, es lindert Magenkrämpfe, fördert tiefen, erholsamen Schlaf, bremst den Appetit (hilft folglich beim Abnehmen) und wird von der Kosmetikindustrie manchen Body-Shaping-Produkten beigemischt.

Pflanzentyp:
Tropischer Strauch

Beschreibung: 3 m hoch, 3 m breit; kleine gelbe Blüten

Heimat: Tropisches Grasland; Westafrika

Verwendete Pflanzenteile: Blätter, Früchte, Wurzel

Anbau und Ernte
- Braucht leichte Böden im Halbschatten
- Reife Samen säen oder während der tropischen Regenzeit gewonnene Ableger setzen.
- Blüten erscheinen nach der Regenzeit; Früchte folgen.
- Blätter während der ganzen Trockenzeit, Früchte nach der Reife ernten und trocknen. Wurzelknollen 5-jähriger Sträucher ernten und trocknen.

Legende und Tradition

• In der westafrikanischen Sahelzone wird Kinkeliba als Malariamittel, gegen Würmer, als Appetithemmer und zur Entgiftung genutzt. Die Zweige dienen dort auch zum Flechten stabiler Körbe.

Für Geist und Seele

• Nach Bedarf 1 Tasse Aufguss (Rezept nebenstehend) getrunken, fördert die positive Einstellung beim Beginn eines Vorhabens.

Für den Körper

• 3 x täglich 1 Tasse Aufguss (Rezept nebenstehend) trinken, verleiht Energie, bremst den Appetit und entgiftet Blut und Leber.

• Zur Beschleunigung der Wundheilung, gegen Abszesse und Schwellungen 3 x täglich Paste (Rezept nebenstehend) auf die betroffene Stelle auftragen,

• 2 Tassen Abkochung (Rezept nebenstehend) einem 20-minütigen Wannenbad beigegeben, lindert Kreuzschmerzen.

Hauptwirkungen

Regt Energie an

Appetithemmend

Entgiftend

Zubereitungen

Aufguss: 1 TL getrocknete Blätter auf 1 Tasse kochend heißes Wasser. Standardmethode (S. 20).

Paste: 1 Handvoll getrockneter, zerdrückter Kinkelibafrüchte mit Olivenöl im Mixer zu einer Paste verarbeiten.

Abkochung: 60 g frische oder 30 g getrocknete Kinkelibawurzel auf 750 ml Wasser. Standardmethode (S. 20).

143

Eingriffeliger Weißdorn *Crataegus monogyna*

Der gelegentlich zu einem kleinen Baum heran-
wachsende Weißdorn verfügt über Wirkstoffe,
die die Kontraktionskraft des Herzens und
damit die Durchblutung der Herzkranzgefäße
verbessern. Die reifen roten Früchte werden zur
Behandlung der mit Nierenerkrankungen ein-
hergehenden Herzschwäche verwendet. Durch
seine durchblutungsfördernde Wirkung hilft
Weißdorn bei Altersbeschwerden wie Taubheits-
gefühl in den unteren Gliedmaßen und Vergesslichkeit. In der Pflanze enthaltene Antioxidantien
verringern die Degeneration der Blutgefäße.

Pflanzentyp: Winterharter
dorniger Strauch

Beschreibung: 6 m hoch,
6 m breit; dicht sitzende
weiße Blüten

Heimat: Kühles Klima;
Europa, N-Afrika

Verwendete Pflanzenteile:
Blätter, blütentragende
Zweigspitzen, Früchte

Anbau und Ernte

- Grundsätzlich anspruchslos, gedeiht er
  am besten in gut entwässerten, feuchten,
  lehmigen Böden an sonnigem Standort.
- Reife Samen im Herbst im Gewächshaus
  säen, verspricht den besten Erfolg.
- Offene Blüten im Spätfrühling, Blätter im
  Sommer, Früchte im Herbst ernten und
  trocknen.

Legende und Tradition

- Aus Weißdorn, der dem griechischen Hochzeitsgott Hymenaios gewidmet war, flocht man Hochzeitsgirlanden.
- Während des 1. Weltkriegs rauchten Soldaten Weißdornblätter als Tabakersatz.

Für Geist und Seele

- 2 Tropfen Blütenessenz (S. 34–35) in ein Glas Wasser gegeben und über den Tag verteilt getrunken, lindert emotionalen Stress und Trauer.

Für den Körper

- 3 × täglich 1 TL Tinktur (Rezept nebenstehend) dient als allgemeines Herztonikum und zur Regulierung von Herzrhythmusstörungen.
- Nach einem stressreichen Tag wirken 1–2 Tassen Abkochung (Rezept nebenstehend) nervenberuhigend.
- Gegen Hautgeschwüre, Furunkel und Wunden 2 × täglich einen Breiumschlag (Rezept nebenstehend) auflegen.

Hauptwirkungen

Unterstützt das Herz

Entspannt die Nerven

Leicht entwässernd

Zubereitungen

Tinktur: 200 g getrocknete Früchte oder 200 g getrocknete blütentragende Zweigspitzen auf 1 l Wodka-Wasser-Mischung. Standardmethode (S. 20).

Abkochung: 30 g getrocknete Früchte 15 Minuten in 750 ml Wasser kochen, dann nach Standardmethode (S. 20).

Taigawurzel *Eleutherococcus senticosus*

Früher Sibirischer Ginseng genannt, ist die Taigawurzel bei Athleten beliebt, weil sie den Körper nach großer Anstrengung rasch wieder regeneriert. Bei regelmäßiger Anwendung kann sie Infekten vorbeugen, das Gedächtnis verbessern und möglicherweise auch die Spermienzahl erhöhen und manche Krebsarten bekämpfen. Nach jeweils 3 Monaten Anwendung 2 Wochen Pause einlegen.

Pflanzentyp: Kletternder, mehrjähriger Strauch

Beschreibung: 2 m hoch, 1,5 m breit; Blüten in Dolden

Heimat: Kühles Klima; Ostasien, Sibirien

Verwendete Pflanzenteile: Wurzel

Anbau und Ernte
- Bevorzugt gut entwässerte Böden an sonnigem oder halbschattigem Standort.
- Reife Samen im Herbst im Gewächshaus säen oder Vermehrung durch Stecklinge.
- Wurzel im Herbst ernten und trocknen.

Legende und Tradition
- Traditionell nutzt man Taigawurzel zur Vorbeugung von Stresskrankheiten.
- In China schätzt man Taiga-

In Russland nehmen alte Menschen Taigawurzel zur Stärkung und gegen Gedächtnisschwund.

Hauptwirkungen

Adaptogen

Ausdauerstärkend

Immunstärkend

wurzel zur Stärkung des chi (S. 18), der Milz und der Nieren.

Für Geist und Seele

• Bis zu 2 Monate lang 3 × täglich 1 TL Tinktur (Rezept nebenstehend) erleichtert das Ertragen von schwerem Kummer.

Für den Körper

• Zur Steigerung der Leistungsfähigkeit 2–3 × täglich 2–3 mit pulverisierter Taigawurzel gefüllte Kapseln (S. 21) einnehmen.

• Gegen stressbedingten Bluthochdruck, Erschöpfung und Schlaflosigkeit bei Bedarf bis zu 3 × täglich 1 Tasse Abkochung (Rezept nebenstehend) trinken.

Zubereitungen

Tinktur: 200 g getrocknete oder 400 g frische Taigawurzel auf 1 l Wodka-Wasser-Mischung. Standardmethode (S. 20).

Abkochung: 30 g getrocknete oder 60 g frische Taigawurzel auf 750 ml Wasser. Standardmethode (S. 20).

147

Glänzender Lackporling *Ganoderma lucidum*

Den Taoisten gilt dieser langstielige, glänzende Hutpilz als Lebenselixier. Auch Reishi oder Ling Zhi genannt, verbessert er die Durchblutung, senkt Bluthochdruck, lindert Schmerzen (vor allem bei Arthritis), wirkt gegen Asthma, Bronchitis, Allergien und Schlaflosigkeit, stärkt das Immunsystem und bekämpft freie Radikale. In Japan ist er zur Behandlung von Krebserkrankungen zugelassen. Da er auch die Stimmung hebt, dient er als Antidepressivum. Schwangere und stillende Frauen und Menschen, die blutverdünnende Mittel nehmen, müssen den Rat eines Kräuterkundigen einholen, ehe sie den Pilz anwenden. Nach jeweils 3 Monaten Anwendung 2 Wochen Pause einlegen.

Anbau und Ernte

- Den Pilz aus Sporen ziehen, indem man sie in einem Innenraum auf Pflaumenbaumspäne ausbringt. Man braucht Geduld, die Keimung dauert etwa 2 Jahre.
- Ernte des Pilzes nachdem er Sporen produziert, aber noch nicht freigesetzt hat.

Pflanzentyp:
Hutpilz

Beschreibung: Bis 30 cm hoch, langer Stiel, glänzender fächerförmiger Hut

Heimat: Tropische und milde Klimazonen weltweit

Verwendete Pflanzenteile: Fruchtkörper mit Sporen

Zubereitungen

Abkochung: 4½ TL gehackte frische oder getrocknete Pilze 10 Minuten in 750 ml Wasser köcheln, dann noch 30 Minuten ziehen lassen. Abseihen.

Tinktur: 30 g getrockneter Lackporling auf 1 l Wodka-Wasser-Mischung. Standardmethode (S. 20).

Legende und Tradition
- Von den Taoisten »Pilz der Unsterblichkeit« genannt, war er einst den chinesischen Kaisern vorbehalten.

Für Geist und Seele
- 3 x täglich 1 Tasse Abkochung (Rezept nebenstehend) trinken, steigert die spirituelle Empfänglichkeit.
- Zur geistigen Beruhigung und Klarsicht bei einer verworren erscheinenden Situation 3 x täglich 1 TL Tinktur (Rezept nebenstehend) einnehmen.

Für den Körper
- Bei rheumatischer Arthritis 3 x täglich 1 TL Tinktur (Rezept nebenstehend) einnehmen.
- Gegen Bluthochdruck täglich 2 mit pulverisiertem getrockneten Pilz gefüllte Kapseln (S. 21) einnehmen.

Hauptwirkungen

Vitalitätsstärkend

Antioxidativ

Antitumoral

Chinesischer Bocksdorn *Lycium chinense*

Der Tao-Meister und Herbalist Li Qing Yun, der angeblich 256 Jahre alt wurde, schrieb seine Langlebigkeit auch der täglichen Einnahme von Beeren des Bocksdorns zu. In der Tat enthält Bocksdorn viele Antioxidantien, die den Alterungsprozess verlangsamen, das Immunsystem stärken, Herzkrankheiten vorbeugen und die Haut vor Sonnenschäden schützen, indem sie zellschädigende freie Radikale einfangen. Die Beeren sind ein wenig zäh.

Pflanzentyp: Ausdauernder, laubwerfender Strauch

Beschreibung: 2,5 m hoch, 2 m breit; hellviolette Blüten

Heimat: Gemäßigtes Klima; Ostasien

Verwendete Pflanzenteile: Früchte

Anbau und Ernte
- Gedeiht problemlos auf gut entwässertem Boden in der Sonne.
- Samen im Frühjahr im Gewächshaus säen und dort im ersten Jahr überwintern oder durch Stecklinge oder Ableger vermehren.
- Die Beeren ernten, wenn sie vollreif und scharlachrot sind. Frisch oder getrocknet verwenden.

Legende und Tradition

- Chinesische Herbalisten verwenden außer den Beeren auch die Wurzelrinde und gelegentlich die Blätter als Stimmungsaufheller und Stärkungsmittel für Leber, Nieren und Blut.

Für Geist und Seele

- 3 × täglich 1 Tasse Abkochung (Rezept nebenstehend) trinken, befördert das spirituelle Wohlbefinden.

Für den Körper

- Täglich 1 Handvoll frische Bocksdornbeeren unter das Frühstücksmüsli gemischt, versorgt den Körper mit einer großen Portion Antioxidantien.
- Bei nachlassender Sehkraft, Makuladegeneration oder Glaukom 3 × täglich 1 TL Tinktur (Rezept nebenstehend) einnehmen.
- Zur Stärkung der Blutgefäße, zur Verbesserung der Durchblutung oder auch zur Erhöhung der Spermienproduktion 2–3 × täglich 1 Tasse Abkochung (Rezept nebenstehend) trinken.

Hauptwirkungen

Antioxidativ

Verbessert Sehkraft

Regt Durchblutung an

Zubereitungen

Abkochung: 30 g getrocknete oder 60 g frische Bocksdornbeeren auf 750 ml Wasser. Standardmethode (S. 20).

Tinktur: 200 g getrocknete oder 400 g frische Bocksdornbeeren auf 1 l Wodka-Wasser-Mischung. Standardmethode (S. 20).

151

Luzerne *Medicago sativa*

Die nährstoffreiche Luzerne enthält Antioxidantien, Eiweiß, Mineralien und Vitamine. Sie kann den Cholesterin-, Blutzucker- und Östrogenspiegel regulieren, die Immunkraft stärken und den Körper entsäuern (Übersäuerung ist schädlich). Die faserreichen Blätter machen den Verzehr für Menschen schwierig, doch in Form der Sprossen (Alfalfa) kann man sie leicht zu sich nehmen. Getrocknete pulverisierte Blätter lassen sich in Kapseln (S. 21) füllen.

Pflanzentyp:
Mehrjähriges Kraut

Beschreibung:
1 m hoch, 60 cm breit; tiefe Wurzel

Heimat: Alle Klimazonen, SW-Asien, Europa, USA

Verwendete Pflanzenteile: Sprossen, Blüten, Blätter

Anbau und Ernte
- Gedeiht in fast allen Böden, braucht Sonne.
- Mit *Rhizobium*-Bakterien geimpfte Samen verwenden; 12 Stunden in warmem Wasser einweichen, dann im Frühjahr direkt ins Gartenbeet säen.
- Nach dem 2. Jahr Blätter ganzjährig ernten und trocknen. Frische Schösslinge und Sprossen roh verzehren.

Die vitamin- und mineralstoffreichen Keime der Luzerne werden auch Alfalfasprossen genannt.

Hauptwirkungen

Cholesterinsenkend

Hilft bei Arthritis

Reguliert Blutzucker

Legende und Tradition

- Nordamerikanische Indianer nutzen die oberirdischen Teile der Luzerne gegen Gelbsucht und zur Blutstillung.

Für Geist und Seele

- 1 TL Luzernenblattpulver in Muskatellersalbei-Aufguss (S. 273) gemischt und vor dem Schlafen getrunken, erzeugt Träume, die das Unterbewusste bloßlegen.

Für den Körper

- 3 × täglich 1 Tasse Luzernenblattaufguss (Rezept nebenstehend) hilft bei Arthritis.
- Direkt auf entzündete Haut aufgetragener Brei (Rezept nebenstehend) wirkt lindernd.

Zubereitungen

Aufguss: 1 TL getrocknete Luzernenblätter auf 1 Tasse kochend heißes Wasser. Standardmethode (S. 20).

Brei: Eine Handvoll Alfalfasprossen in den Mixer geben und pürieren.

153

Wohlriechende Süßdolde *Myrrhis odorata*

Dieser nach Myrrhe, Moos und Anis riechende Doldenblütler produziert im späten Frühjahr nektarreiche weiße Blüten, aus denen sich fünfkantige grüne (unreife) Früchte entwickeln, die in diesem Stadium einen an Anis erinnernden Geschmack haben und eine aromatische Möbelpolitur abgeben. Die Blätter neutralisieren Säure und machen Nahrungsmittel wie Rhabarber milder, sodass man Zucker einsparen kann. Der Aufguss aus der Wurzel ist ein generelles Stärkungsmittel, das auch die Verdauung fördert und blutbildend wirkt.

Pflanzentyp: Ausdauernder Doldenblütler

Beschreibung: 1 m hoch, 1 m breit; fiederschnittige Blätter

Heimat: Kühles Klima; Europa

Verwendete Pflanzenteile: Blätter, Wurzel, Samen

Anbau und Ernte

- Bevorzugt feuchte, fruchtbare Böden an schattigem Standort.
- Reife, sich gerade schwarz färbende Samen im Spätsommer aussäen und feucht halten.
- Wurzeln im Herbst ausgraben und trocknen, Blätter ganzjährig ernten und frisch verwenden.

Legende und Tradition

- Einst streute man die unreifen, grünen Samen auf Salate oder nutzte sie zur Likörbereitung.
- Frühe Kräuterkundige nutzten eine Salbe aus der Süßdoldenwurzel als Antiseptikum bei der Behandlung von Wunden, Gicht, Hunde- und Schlangenbissen.

Für Geist und Seele

- 2 Tropfen Blütenessenz (S. 34–35) in ein Glas Wasser gegeben und über den Tag verteilt getrunken, verleiht allen Sinnen eine bessere und positivere Wahrnehmung.

Für den Körper

- Bis zu 3 × täglich 1 Tasse Süßdoldenaufguss (Rezept nebenstehend) trinken, wirkt verdauungsfördernd und blähungswidrig.
- Bei Gicht 3 × täglich 1 Tasse Süßdoldenabkochung (Rezept nebenstehend) trinken und auf die betroffenen Stellen eine mit doppelt starker Abkochung getränkte Kompresse (S. 23) auflegen, hilft die Anreicherung von Harnsäure zu reduzieren.

Hauptwirkungen

Verdauungsfördernd

Reinigt Harntrakt

Schleimlösend

Zubereitungen

Aufguss: 2 TL frische Süßdoldenblätter auf 1 Tasse kochend heißes Wasser. Standardmethode (S. 20).

Abkochung: 30 g getrocknete oder 60 g frische Süßdoldenwurzel auf 750 ml Wasser. Standardmethode (S. 20). Für doppelt starken Aufguss bei selber Wassermenge Wurzelmenge verdoppeln.

Echte Pfingstrose *Paeonia officinalis*

Mit ihrer üppigen Blüte und der starken Wurzel wird die Pfingstrose schon seit mehr als 2000 Jahren medizinisch genutzt. Außer *P. officinalis* werden auch die Arten *P. lactiflora* und *P. suffructicosa* volksmedizinisch zur Behandlung von Epilepsie und Ekzemen, als Antibiotikum und Beruhigungsmittel genutzt. Die Wurzeln aller drei Arten enthalten Paeoniflorin, das den Blutzuckerspiegel senken und Tumoren, Parkinson und Schlaganfall vorbeugen kann. Japanische Studien scheinen zu belegen, dass es die Körperzellen vor Giften und freien Radikalen schützt.

Pflanzentyp: Mehrjährige Staude mit knolliger Wurzel

Beschreibung: 1 m hoch, 60 cm breit; dunkelrote oder weiße Blüten

Heimat: Kühles Klima; Europa

Verwendete Pflanzenteile: Blüten, Wurzeln, Samen (in allen Teilen leicht giftig)

Anbau und Ernte

- Mag alkalische bis neutrale Böden in Sonne oder Halbschatten.
- Reife Samen direkt ins Beet säen oder Pflanze durch Teilung im Frühjahr oder Herbst vermehren.
- Wurzel 2-jähriger Pflanzen ernten und trocknen, Blüten im Frühjahr ernten.

Legende und Tradition

- In der griechischen Mythologie erschafft die Mondgöttin Selene die Pfingstrose für Paieon, den Arzt der olympischen Götter.
- In Japan gilt die Pflanze als »Nahrung der Drachen«; die Blüten werden als Gemüse zubereitet.

Für Geist und Seele

- Um das Herz-chakra (S. 17) großzügiger Liebe zu öffnen 2 Tropfen Pfingstrosen-Blütenessenz (S. 34–35) in ein Glas Wasser geben und über den Tag verteilt trinken.

Für den Körper

- Um die Hirnfunktion möglichst lange gesund zu erhalten 3 x täglich 1 TL Tinktur (Rezept nebenstehend) einnehmen.
- 3 x täglich 1 Tasse Abkochung (Rezept nebenstehend) trinken, hilft den Cholesterinspiegel zu senken.
- 2–3 mit pulverisierter Pfingstrosenwurzel gefüllte Kapseln (S. 21) täglich, helfen den Blutzuckerspiegel zu regulieren.

Hauptwirkungen

Stärkt Gedächtnis

Senkt Cholesterin

Reguliert Blutzucker

Zubereitungen

Tinktur: 40 g getrocknete Pfingstrosenwurzel auf 1 l Wodka-Wasser-Mischung. Standardmethode (S. 20).

Abkochung: 30 g getrocknete Pfingstrosenwurzel auf 750 ml Wasser. Standardmethode (S. 20).

Ginseng *Panax ginseng*

Die fleischige Wurzel dieser Staude gilt als Stimulans des yang (S. 18). Als Adaptogen (S. 136) stärkt Ginseng den ganzen Körper, indem es den Stoffwechsel, die Durchblutung, das endokrine System und die Verdauung anregt. Ginseng kann die Folgen von Stress mindern, indem es die Produktion der sauerstofftransportierenden roten Blutkörperchen anregt, das Immunsystem stärkt und Giftstoffe ausschaltet. Nach 6 Wochen Einnahme von Ginseng 2 Wochen Pause einlegen.

Pflanzentyp:
Ausdauernde Staude

Beschreibung: 80 cm hoch, 60 cm breit; langgestielte, gefingerte Blätter

Heimat: Kühles Klima; NO-China, Korea

Verwendete Pflanzenteile: Wurzel

Anbau und Ernte

- Bevorzugt feuchten, humusreichen Boden im Schatten.
- Reife Samen aussäen, Pflanze im ersten Winter im Gewächshaus halten oder durch Wurzelstecklinge vermehren.
- Wurzeln der mindestens 6 Jahre alten Pflanzen im Herbst ernten und frisch oder getrocknet verwenden.

Legende und Tradition

- Seit mehr als 5000 Jahren wird Ginseng in China als Heilkraut genutzt; er gehört zu den geschätztesten Kräutern der TCM.
- Der Botschafter des Königs von Siam brachte König Ludwig XIV. von Frankreich Ginsengwurzel als Geschenk mit.

Für Geist und Seele

- Bis zu 3 × täglich 1 Tasse Ginsengabkochung (Rezept nebenstehend) trinken, hilft dem Körper, emotionalen Stress zu verarbeiten. (Nach 6 Wochen 2 Wochen Pause einlegen.)

Für den Körper

- Zur Stärkung der Leistungsfähigkeit 3 × täglich 2–3 mit Ginsengwurzelpulver gefüllte Kapseln (S. 21) einnehmen.
- 3 × täglich 1 TL Ginsengtinktur (Rezept nebenstehend) beschleunigt die Erholung bei einer Erkältung.
- Zur Verbesserung der männlichen Fruchtbarkeit 3 × täglich 2–3 mit Ginsengwurzelpulver gefüllte Kapseln (S. 21) einnehmen.

Hauptwirkungen

Stärkt Körpersysteme

Immunstärkend

Hält Alterung auf

Zubereitungen

Abkochung: 2 TL getrocknete oder 4 TL frische Ginsengwurzel in 2 Tassen Wasser 10–15 Minuten kochen. Abseihen und trinken.

Tinktur: 20 g getrocknete oder 40 g frische Ginsengwurzel auf 1 l Wodka-Wasser-Mischung. Standardmethode (S. 20).

Maralwurzel *Rhaponticum carthamoides*

Auch *Leuzea carthamoides* genannt, erregte die bevorzugte Futterpflanze des sibirischen Maralhirschs die Aufmerksamkeit von Bodybuildern, da sie den Muskelaufbau fördert und Leistungsfähigkeit, Reflexe und Konzentration steigert. Die Pflanze hat ein holziges Rhizom mit dünnen, langen Wurzeln, das einen harzigen Duft verströmt. Im zweiten Jahr entwickeln sich lila Blütenstände, die an Distelblüten erinnern. Überdosierung der Wurzel führt zu Bluthochdruck. Während der Schwangerschaft ist Maralwurzel zu meiden.

Pflanzentyp: Mehrjährige krautige Staude

Beschreibung: 1,5 m hoch, 45 cm breit; einzelne distelähnliche Blüten

Heimat: Kühles Klima; Sibirien, Mongolei

Verwendete Pflanzenteile: Rhizom mit Wurzeln

Anbau und Ernte

- Bevorzugt gut entwässerte, fruchtbare Böden und Sonne.
- Samen im Herbst säen und nur schwach mit Erde bedecken oder durch Teilung vermehren.
- Wurzelstock mit Wurzeln der 2-jährigen Pflanze im Frühherbst ausgraben und 4–6 Tage trocknen lassen.

Legende und Tradition

- Maralwurzel gilt in Russland als »Elixier der Langlebigkeit« und in Sibirien als Viehfutter, das die Tiere die Kälte besser ertragen lässt.
- In Tibet nutzt man die Wurzel in Kräutermischungen bei Lungen- und Nierenleiden, Gelbsucht, Fieber und Angina.

Für Geist und Seele

- Zur Unterstützung des Kampfs gegen Süchte 3 × täglich 1/3 Tasse Aufguss (Rezept nebenstehend) trinken. (Niemals mehr als 1 Tasse pro Tag!)
- 30 Tage lang jeweils zum Frühstück 2 mit Maralwurzelpulver gefüllte Kapseln (S. 21) einnehmen, verbessert die Gedächtnisleistung.

Für den Körper

- 3 × täglich ½ TL Tinktur (Rezept nebenstehend) 10–20 Tage lang eingenommen, steigert die Leistungsfähigkeit.
- Gegen Impotenz 30 Tage lang jeweils 2 mit Maralwurzelpulver gefüllte Kapseln (S. 21) täglich einnehmen.

Hauptwirkungen

Leistungssteigernd

Verbessert Gedächtnis

Baut Muskeln auf

Zubereitungen

Aufguss: 3 TL fein gehackte, getrocknete Maralwurzel auf 1 Tasse kochend heißes Wasser. 4–5 Stunden ziehen lassen, abseihen. (1/3 Tasse ist eine Dosis).

Tinktur: 30 g getrocknete Maralwurzel in 5–10 mm große Stücke schneiden und in 150 ml Wodka geben. 3–5 Tage bei Zimmertemperatur ziehen lassen, dann abfiltern.

Rosenwurz *Rhodiola rosea*

Russische Forschungen scheinen zu belegen, dass Rosenwurz als Anti-Aging-Mittel dienen könnte, denn es reduziert die Effekte von mentalem und physischem Stress. Indem sie den Serotonin- und Dopaminspiegel hebt, Hormone, die sich auf unsere Stimmung auswirken, dient sie als Gute-Laune-Macher. Außerdem können Wirkstoffe der Wurzel offenbar Genschäden der Körperzellen reparieren und sie verjüngen. In niedrigen Dosen hat die Wurzel anregende Wirkung, in höheren eher beruhigende.

Pflanzentyp: Mehrjährige Staude

Beschreibung: 30 cm hoch, 30 cm breit; fleischige Blätter, gelbe Blüten

Heimat: Bergregionen der Nordhalbkugel

Verwendete Pflanzenteile: Wurzel

Anbau und Ernte

- Wächst auf Magerböden und verträgt Sonne.
- Vermehrung im Herbst durch Wurzelstecklinge mit Knospen und Haarwurzeln. In gut entwässerten Boden einsetzen.
- Wurzeln 5-jähriger Pflanzen im Herbst ausgraben, in 10 cm lange Stücke schneiden, im Schatten trocknen, in Papiertüten bis zu 3 Jahre aufbewahren.

Legende und Tradition

- Legenden der Wikinger preisen die Wurzel als Mittel für Langlebigkeit.
- Sibirischen Paaren schenkte man die Wurzel, damit sie viele Kinder bekommen.
- Tibetische Sherpas kauen die Wurzel zum Schutz vor der Höhenkrankheit.

Für Geist und Seele

- Zur Steigerung der geistigen Fähigkeiten 2–3 × täglich 1 TL Tinktur (Rezept nebenstehend) einnehmen.
- Gegen Depression und unbestimmte Ängste bis zu 3 × täglich 1 Tasse Aufguss (Rezept nebenstehend) trinken.

Für den Körper

- Um Zellschäden zu mindern und dem Altern vorzubeugen, 3 × täglich 1–2 mit Rosenwurzpulver gefüllte Kapseln (S. 21) einnehmen.
- Gegen Erschöpfung und zur Erzielung eines tiefen, erholsamen Schlafs direkt vor dem Zubettgehen 2–3 mit Rosenwurzpulver gefüllte Kapseln (S. 21) einnehmen.

Hauptwirkungen

Zellverjüngend

Verbessert Gedächtnis

Antidepressivum

Zubereitungen

Tinktur: 200 g getrocknete oder 400 g frische Rosenwurz-Wurzel auf 1 l Wodka-Wasser-Mischung. Standardmethode (S. 20).

Aufguss: 3 TL fein gehackte getrocknete Rosenwurz-Wurzel mit 1 Tasse kochend heißem Wasser übergießen, mindestens 4 Stunden ziehen lassen, dann abseihen.

Echter Salbei *Salvia officinalis*

Der an jugenderhaltenden Qualitäten reiche Salbei gilt schon lange als Allheilmittel, wie sein botanischer Name deutlich macht, bedeutet das lateinische *salvere* doch »heilen«. Die Blätter sind verdauungsfördernd, wirken sich positiv auf Blut und Nerven aus und heilen Entzündungen in Mund und Rachen. Gegenwärtig durchgeführte Untersuchungen erforschen die antioxidativen und blutzuckerregulierenden Potenziale des Salbeis und seine Wirkung auf das Gedächtnis. Schwangere und Epileptiker dürfen Salbei nur in geringen Dosen verwenden.

Pflanzentyp: Winterharter Halbstrauch

Beschreibung: 60 cm hoch, 60 cm breit; hellviolette Lippenblüten

Heimat: Warmes Klima; Nordafrika

Verwendete Pflanzenteile: Blätter, Blüten, ätherisches Öl (der Blätter)

Anbau und Ernte

- Braucht gut entwässerten, leichten Boden und Sonne.
- Samen im Frühjahr im Gewächshaus säen, oder im Spätsommer durch Stecklinge vermehren.
- Blätter zum frischen Gebrauch ganzjährig ernten, zum Trocknen vor der Blüte.

Legende und Tradition

- In der TCM gilt Salbei als ein *yin*-Tonikum (S. 18), das zur Nervenstärkung dient.
- Im alten Griechenland war man überzeugt, dass Salbei im Garten den Arzt überflüssig mache.

Für Geist und Seele

- Täglich zum Abendessen ein kleines Gläschen Salbei-Kräuterwein (Rezept nebenstehend) genossen, hebt die Stimmung, vertreibt diffuse Ängste und depressive Stimmungseinbrüche, verbessert das Gedächtnis und schärft die Sinne.

Für den Körper

- Bei Halsentzündung, Zahnfleischbluten, wackelnden Zähnen und Entzündungen im Mund 4–6 × täglich mit Salbei-Aufguss (Rezept nebenstehend) gurgeln oder spülen.
- Zur Minderung von Hitzewallungen in den Wechseljahren und zur Hemmung des Milchflusses beim Abstillen bis zu 3 × täglich 2–3 mit Salbeipulver gefüllte Kapseln (S. 21) einnehmen.

Hauptwirkungen

Anregend

Antiseptisch

Hormonausgleichend

Zubereitungen

Kräuterwein: 100 g getrocknete oder 200 g frische Salbeiblätter auf 1 l Wein (wahlweise Weiß- oder Rotwein). Standardmethode (S. 22).

Aufguss: 1 TL getrocknete oder 2 TL frische Salbeiblätter auf 1 Tasse kochend heißes Wasser. Standardmethode (S. 20).

Weinrebe *Vitis vinifera*

Die Weinrebe ist eine der ältesten Kulturpflanzen der Menschheit. Die Früchte liefern ein erfrischendes Bluttonikum, die blutstillend und entzündungshemmend wirkenden Blätter dienen zur Behandlung von Venenschwäche. Aus den Kernen gewinnt man ein Öl, das kulinarisch und zu Massagen genutzt werden kann und den Blutdruck senkt. Die Schale roter Trauben enthält Resveratrole, die das Herz schützen, die Knochendichte verbessern, Erkältungen und grauem Star vorbeugen und – äußerlich angewendet – die Verbreitung von Herpesbläschen verhindern.

Pflanzentyp: Winterharte rankende Pflanze

Beschreibung: Bis 35 m lang; große lappige, gezähnte Blätter

Heimat: Alle Klimazonen; Südeuropa

Verwendete Pflanzenteile: Früchte, Samen, Blätter

Anbau und Ernte

- Bevorzugt tiefe, gut entwässerte, feuchte Böden und Sonne oder Halbschatten.
- Vermehrung aus Samen im Herbst oder Stecklingen im Frühjahr.
- Trauben im Herbst nach der Reife ernten. Entsaften und gefilterten Saft trinken oder Trauben trocknen.

Legende und Tradition

- Grabtexte belegen, dass man Trauben in Ägypten schon vor 6000 Jahren genoss.
- Griechische Philosophen lobten die Heilkräfte von Trauben und Hippokrates gehörte zu den ersten Ärzten, der Wein als Heilmittel verschrieb.

Für Geist und Seele

- Zur Vertreibung von Sorgen 1 TL Passionsblumentinktur (200 g getrocknete Blätter. Standardmethode S. 20) in 1 kleinem Glas Rotwein einnehmen.

Für den Körper

- 3 x täglich 1 TL Tinktur (Rezept nebenstehend) einnehmen, vermehrt die Aufnahme von Antioxidantien, die der Alterung vorbeugen und die Durchblutung fördern.
- 3 x täglich 2–3 mit getrockneten, pulverisierten Kernen und Schalen roter Trauben gefüllten Kapseln (S. 21) schützen vor Allergien.
- Krampfadern 2–3 x täglich mit Ölauszug aus Traubenkernen und -schalen (Rezept nebenstehend) einreiben.

Hauptwirkungen

Kreislauffördernd

Verhindert Allergien

Verbessert Durchblutung

Zubereitungen

Tinktur: 200 g getrocknete oder 400 g frische Kerne und Schalen roter Trauben auf 1 l Wodka-Wasser-Mischung. Standardmethode (S. 20).

Ölauszug: ¾ einer Flasche mit getrockneten Kernen und Schalen roter Trauben füllen, bis zum Rand mit Olivenöl auffüllen. Standardmethode (S. 23).

167

6. KAPITEL

Reinigende Kräuter

Mit einer gewissen Berechtigung könnte man sagen, dieses Kapitel hätte an erster Stelle stehen müssen, denn es sind die reinigenden Kräuter, die dem Körper helfen, Schadstoffe loszuwerden, die wir mit der Luft, dem Wasser, unserer Nahrung aufnehmen und durch die Produkte, die wir verwenden.

Natürlich verfügt der Körper über wirkungsvolle Entsorgungsmechanismen: Wir atmen mit den Lungen, stoßen dabei aber auch Schadstoffe aus. Das Lymphsystem, das Blut sowie der Verdauungstrakt filtern vor allem durch Leber und Niere Giftstoffe aus, und die Haut entlässt mit dem Schweiß Toxine durch die Poren.

Doch die schiere Menge der Schadstoffe, die uns umgeben, kann den Körper überfordern. Krankheiten wie Reizdarm oder chronische Erschöpfung können die Folge sein. Erste Anzeichen, dass der Körper eine Entgiftung und Blutreinigung braucht, können Müdigkeit sein, Konzentrations- und Schlafstörungen, Mundgeruch, Trägheit,

fahle Haut oder schmerzende Gelenke.

Alle in diesem Kapitel behandelten Kräuter wirken reinigend und entgiftend auf den Organismus. Der Löwenzahn schwemmt aus Blut, Nieren und Leber Schadstoffe aus. Mariendistel, Brennnessel, Petersilie und Klette entgiften die Leber. Die Nieren profitieren ebenfalls von Brennnessel und Petersilie, am meisten aber von Liebstöckel, der wiederum, ebenso wie Ysop, das Lymphsystem anregt, während Ysop auch Haut und Blut reinigt.

Wie man sieht, greifen die Wirkungsweisen ineinander. Wenn Schlaf und Verdauung (wieder) gut funktionieren, sieht auch die Haut besser aus, man fühlt sich wohler und ist wieder im Gleichgewicht. Viele der Kräuter dieses Kapitels kann man seinem täglichen Essen hinzufügen. So passen Löwenzahn und Brennnessel gut in Salate und gehackte Petersilie zu Fleischgerichten und Kartoffeln.

Schafgarbe *Achillea millefolium*

Der trojanische Held Achilles soll die Wunden seiner Krieger mit Schafgarbe behandelt haben, daher der botanische Name der Pflanze. Die blühenden Triebspitzen enthalten verdauungs-fördernde, entwässernde, blutreinigende und blutdrucksenkende Wirkstoffe. Die Blüten allein helfen bei Ekzemen und allergischen Katarrhen. Die Wurzeln sondern Substanzen ab, die die Wirkstoffe anderer Kräuter intensivieren, die in ihrer Umgebung wachsen. Hohe Dosen von Schafgarbe machen die Haut sonnenempfindlich und führen zu Ausschlag; Schwangere müssen das Kraut meiden.

Pflanzentyp: Winterharte, mehrjährige Pflanze

Beschreibung: 1 m hoch, 60 cm breit; Trugdolden mit dicht stehenden Blüten.

Heimat: Kühles Klima; Europa, Westasien

Verwendete Pflanzenteile: Blätter, Blüten

Anbau und Ernte
- Anspruchslos, braucht aber Sonne.
- Samen im Frühjahr aussäen oder durch Stecklinge oder Teilung zu jeder Jahreszeit vermehren.
- Oberirdische Teile der blü-henden Pflanze ernten, frisch oder getrocknet verwenden.

Legende und Tradition
- Die Druiden sagten mit Schafgarbenstängeln das Wetter voraus, in China verwendete man sie beim I Ging-Orakel.
- Die Volksmedizin verwendete die Schafgarbe als Auslöser schweißtreibenden Fiebers und den Blattaufguss zur Verbesserung der Funktion von Leber und Gallenblase.

Für Geist und Seele
- Zur Reinigung der Meridiane (S. 18) und zum Schutz der Aura 2 Tropfen Schafgarben-Blütenessenz (S. 34–35) in ein Glas Wasser geben und über den Tag verteilt trinken.

Für den Körper
- 3 × täglich 1 Tasse Aufguss (Rezept nebenstehend) löst reinigenden Schweiß aus.
- Um die Blutung kleiner Schnittwunden zu stillen, Schafgarbenblätter zerkauen und dann auf die Wunde legen.
- Zur Verbesserung der Nährstoffaufnahme des Körpers vor den Mahlzeiten 1 EL Kräuterwein (Rezept nebenstehend) einnehmen.

Hauptwirkungen

Schweißtreibend

Blutstillend

Verdauungsfördernd

Zubereitungen

Aufguss: ½ TL getrocknete oder 1 TL frische Schafgarbenblätter und/oder -blüten auf 1 Tasse kochend heißes Wasser. Standardmethode (S. 20).

Kräuterwein: 80 g frische und getrocknete Schafgarbenblüten auf 1 l Weißwein. 30 Tage ziehen lassen. Standardmethode (S. 22).

Echte Aloe *Aloe vera*

Das klare, fast geschmacklose Gel der frischen Aloe enthält Wirkstoffe, die der Haut Feuchtigkeit verleihen und bei schuppender, juckender Haut beruhigend und heilend wirken. Innerlich angewendet, wirkt die die Vitamine A, C und E enthaltende Aloe als mildes Abführmittel, sie regt das Immunsystem an und gleicht den Blutzuckerspiegel aus. Der gelbgrüne, bittere Saft der Blattwände bietet Schutz gegen UV-Strahlen.

Pflanzentyp: Immergrüne, mehrjährige Sukkulente.

Beschreibung: I m hoch, 60 cm breit; fleischige Blätter, gelbe Blüten

Heimat: Warmes Klima; Nordafrika

Verwendete Pflanzenteile: Blattgel, Blattsaft, Blüten

Anbau und Ernte

- Braucht gut entwässerte Böden und Sonne; kann auch als Zimmerpflanze gezogen werden.
- Vermehrung durch abgeschnittene Seitensprossen; Schnittflächen vor dem Einpflanzen abtrocknen lassen.
- Ernte der Blätter ganzjährig; Blatt an der Basis diagonal abschneiden, 10 Minuten in Wasser stellen, Blatt aufschneiden, Gel auskratzen, frisch verwenden.

Das Gel des frischen Aloeblatts hilft bei Brand- und Schnittwunden und Insektenstichen.

Hauptwirkungen

Heilt die Haut

Entzündungshemmend

Immunstärkend

Legende und Tradition
• Persische, griechische und römische Ärzte
  nutzten Aloeblätter bei vielen Erkrankungen,
  darunter Mandelentzündung und
  Schlaflosigkeit.

Für Geist und Seele
• 2 Tropfen Aloe-Blütenessenz (S. 34–35) auf
  ein Glas Wasser über den Tag verteilt
  getrunken, steigert die Sensibilität gegenüber
  anderen.

Für den Körper
• Aloe-Gel (Rezept nebenstehend) 3 × täglich
  direkt auf kleine Schnitt- und Brandwunden
  oder Ekzeme aufgetragen, wirkt heilend.

Zubereitungen

Aloe-Gel: Ein frisches
Blatt der Länge nach auf-
schlitzen und die Schnitt-
fläche direkt auf die Haut
bringen.

Aloe-Gel-Lotion: Meh-
rere frische Blätter längs
aufschneiden, Gel in
einen Topf schaben. Bei
milder Hitze bis zur
gewünschten Konsistenz
einkochen. Im Kühl-
schrank in verschließ-
barem Glas bis 1 Monat
aufbewahren.

173

Große Klette *Arctium lappa*

Wenn sie nach einem Spaziergang an Ihrer Kleidung – oder im Fell Ihres Hundes – Kletten finden, dann sind Sie wahrscheinlich an einer Großen Klette vorbeigekommen. Blätter und Wurzeln dieser Wildpflanze spielten in der Volksheilkunde als »Blutreiniger« eine Rolle. Herbalisten meinen, die Wurzel könne Schwermetalle wie Blei und Quecksilber aus dem Blut filtern. Klettenblätter erwiesen sich als wirksam bei Bakterien- und Pilzinfektionen und bei der Wiederherstellung einer normalen Darmflora. Meist wird die Klette in Kombination mit anderen Kräutern wie etwa Löwenzahn verwendet. Klettenwein gilt als verdauungsfördernd. Schwangere dürfen die Klette nicht anwenden.

Anbau und Ernte
- Bevorzugt feuchte, gut entwässerte Böden und Halbschatten.
- Samen im Herbst direkt ins Beet aussäen.
- Wurzeln 1-jähriger Pflanzen im Frühjahr ausgraben; vorzugsweise frisch, aber auch getrocknet verwenden.

Pflanzentyp: Zweijähriger Korbblütler

Beschreibung: 1,5 m hoch, 1 m breit; violette Blütenköpfe

Heimat: Kühles Klima; Europa

Verwendete Pflanzenteile: Wurzel, Blätter, Stiele, Samen

Zubereitungen

Sirup: 2 TL gemahlene Klettenwurzel, 1 ½ TL gemahlene Löwenzahnwurzel, 2,5 cm frische Ingwerwurzel, 2 ganze Sternanis und ¾ TL Zitronensäure in 1 l Wasser 30 Minuten köcheln lassen. Abfiltern, 450 g Zucker darin auflösen.

Abkochung: 60 g frische Klettenwurzel auf 750 ml Wasser. Standardmethode (S. 20).

Legende und Tradition

- Die Klette gehört zu den 54 wichtigsten Kräutern der TCM und soll Langlebigkeit bringen.
- Klettenwurzelöl gilt in der Volksmedizin als Haarwuchsmittel.

Für Geist und Seele

- Zur Belebung schöner Erinnerungen 3 EL Klettensirup (Rezept nebenstehend) in 200 ml eisgekühltes Mineralwasser geben und schluckweise trinken.

Für den Körper

- Bis zu 3 Tassen Abkochung (Rezept nebenstehend) täglich entgiften den Körper.
- Gegen hartnäckige Pilz- oder Bakterienerkrankungen der Haut (Fußpilz, Akne) die betroffene Stelle 2 × täglich mit abgekühlter Abkochung (Rezept nebenstehend) waschen.

Hauptwirkungen
Blutreinigend
Hautreinigend
Antibiotisch

175

Ysop *Hyssopus officinalis*

Im Alten Testament wird der Ysop oft als Pflanze erwähnt, die bei Reinigungsritualen eine wichtige Rolle spielt. Forschungen brachten zutage, dass die Blätter des Ysops ein antiseptisches, antivirales Öl enthalten, einen Penicillinpilz beherbergen und die Vermehrung von HIV-I- Zellen behindern. Das ätherische Öl des Ysops hilft, den Blutdruck zu regulieren.

Pflanzentyp: Mehrjähriger Halbstrauch

Beschreibung: 45 cm hoch, 60 cm breit; blaue, violette oder weiße Lippenblüten

Heimat: Warmes Klima; Mittelmeerraum

Verwendete Pflanzenteile: Blätter, Blütenstände, ätherisches Öl (der Blütenstände)

Anbau und Ernte

- Mag leichte, gut entwässerte Böden an sonnigem Standort.
- Vermehrung im Frühjahr durch Samen oder durch Stecklinge, die man bis zum Herbst schneiden kann.
- Blätter ganzjährig, Blütenstände zu Beginn der Blüte ernten; trocknen oder in Öl einlegen.

Legende und Tradition

- Im 1. Jahrhundert stellten die Römer einen Ysopwein her, der später den Benediktinermönchen als Vorbild

für ihren Chartreuse genannten Kräuterlikör diente.

- Im Europa des 17. Jahrhunderts verstreute man zerdrückte Ysopblätter in den Räumen, um schlechten Geruch zu kaschieren.

Für Geist und Seele

- Gegen Schuldgefühle, die mit nervösen Muskelverspannungen einhergehen, 4–7 Tropfen Ysopblütenessenz (S. 34–35) direkt unter die Zunge tropfen.
- Vor der Abendmahlzeit bei Bedarf ein Glas Ysop-Kräuterwein (Rezept nebenstehend) trinken, wirkt nervenstärkend.

Für den Körper

- Schwellungen, Prellungen und Blutergüsse 2 × täglich mit Ysopblätter-Ölauszug (S. 23) einreiben.
- Zur Lösung von hartnäckigem Husten 3 × täglich 1 Tasse Ysopblätter-Aufguss (Rezept nebenstehend) trinken. Zur Verstärkung der Wirkung mit Honig (aus dem Reformhaus oder Bioladen) süßen.

Hauptwirkungen

Wundreinigend

Schleimlösend

Nervenstärkend

Zubereitungen

Kräuterwein: 100 g getrocknete oder 200 g frische Ysopblätter auf 1 l Rotwein. Standardmethode (S. 22).

Aufguss: 1 TL getrocknete oder 3 TL frische Ysopblätter auf 1 Tasse kochend heißes Wasser. Standardmethode (S. 20).

177

Liebstöckel *Levisticum officinale*

Liebstöckel, im Volksmund auch Maggikraut genannt, ist eine beliebte Würze für Suppen und Eintöpfe. Der Aufguss aus Samen, Blättern oder Wurzeln wirkt entwässernd und spült Giftstoffe aus, sodass das Kraut beim Abnehmen hilft. Da es außerdem über antimikrobielle Wirkstoffe verfügt, wird es gern bei Harnwegsinfektionen eingesetzt. Auch fördert es die Verdauung und wirkt bei Bronchitis positiv auf die Atemwege. Schwangere und Nierenkranke müssen Liebstöckel meiden; äußerlich angewendet, kann er Hautreaktionen auslösen.

Anbau und Ernte

- Mag nährstoffreiche, feuchte, doch gut entwässerte Böden und Sonne.
- Samen im Frühjahr im Gewächshaus säen. Jungpflanzen im Sommer ins Beet umsetzen.
- Blätter vor der Blüte ernten und trocknen; reife Samen im Spätsommer gewinnen und trocknen. Wurzeln 3-jähriger Pflanzen im Frühjahr oder Herbst ausgraben, frisch oder getrocknet verwenden.

Pflanzentyp: Winterharte, mehrjährige Staude

Beschreibung: 2 m hoch, 1 m breit; Dolden mit gelben Blüten

Heimat: Kühles Klima; Südwestasien

Verwendete Pflanzenteile: Blätter, Stiele, Wurzeln, Samen, ätherisches Öl (der Blätter und Wurzeln)

Zubereitungen

Aufguss: 1 TL getrocknete oder 2 TL frische Liebstöckelblätter auf 1 Tasse kochend heißes Wasser. Standardmethode (S. 20).

Hustensaft: Je 3 TL getrocknete Liebstöckelwurzel und Salbeiblätter sowie 20 g Fenchelsamen mit 2 Tassen Rotwein übergießen. 2 Tage ziehen lassen, dann abseihen. In eine Flasche füllen und bald verbrauchen.

Liebstöckel

Legende und Tradition

- Einst gab man die roh geriebene Wurzel an Salate oder nutzte sie pulverisiert als Würze.
- Die Samen wurden ihres maskulinen Dufts wegen einst von der Parfümindustrie genutzt.

Für Geist und Seele

- Um sich erhoben und doch geerdet zu fühlen, die Beine mit 1 TL Traubenkernöl gemischt mit 2 Tropfen ätherischem Liebstöckelöl (aus den Blättern) einreiben.

Für den Körper

- 3 × täglich 1 Tasse Aufguss aus Liebstöckelblättern (Rezept nebenstehend) wirkt entgiftend und hilft beim Abnehmen.
- Nach dem Essen eine Mischung aus je 1 TL Liebstöckel-, Fenchel-, Dill- und Koriandersamen knabbern, fördert die Verdauung.
- Bei chronischem Husten nach dem Essen 1 kleines Glas warmen Liebstöckel-Hustensaft (Rezept nebenstehend) einnehmen.

Hauptwirkungen

Entwässernd

Verdauungsfördernd

Schleimlösend

Petersilie *Petroselinum crispum*

Die Petersilie ist das Küchenkraut schlechthin, das über viele Vitamine und Mineralien verfügt, antiseptisch, deodorierend und entgiftend wirkt. Alle Teile der Pflanze gelten als Fänger freier Radikale und verhindern die Freisetzung von Histaminen, dadurch schützt das Kraut die Körperzellen und verringert allergische Reaktionen. Petersilie nützt bei Rheuma, sie fördert die Verdauung, wirkt entwässernd, reinigt die Haut und gibt ihr Feuchtigkeit und verleiht den Haaren Glanz.

Pflanzentyp: Winterharte, zweijähriger Doldenblütler

Beschreibung: 60 cm hoch, 60 cm breit; krause Blätter, gelbliche Blüten

Heimat: Alle Klimazonen; Südeuropa

Verwendete Pflanzenteile: Blätter, Stiele, Samen

Anbau und Ernte

- Bevorzugt feuchten, gut entwässerten Boden in Sonne oder Halbschatten.
- Samen im Spätwinter im Gewächshaus in warmen, feuchten Boden säen. Samen vorher einige Stunden in warmes Wasser legen, beschleunigt die typischerweise langsame Keimung. Im Sommer direkt ins Beet säen.

- Blätter ganzjährig ernten, regt das Wachstum an. Frisch verwenden oder gehackt einfrieren. Wurzel der 2-jährigen Pflanze ausgraben, frisch oder getrocknet verwenden.

Legende und Tradition
- Die Griechen nutzten Petersilie medizinisch, aßen sie aber nicht, denn sie wuchs der Legende nach aus dem Blut des Opheltes (nach seinem Tod Archemoros genannt).

Für Geist und Seele
- Den ganzen Tag über frische Petersilie knabbern, erhält die Stimmung frisch und fröhlich.

Für den Körper
- 3 × täglich 1 Tasse Blattaufguss (Rezept nebenstehend) fördert die Verdauung.
- Ein Breiumschlag (S. 23) mit Petersilienblättern oder -wurzel hilft bei Prellungen, Verstauchungen und Insektenstichen.
- Ein 10-minütiges Gesichtsdampfbad (Rezept nebenstehend) reinigt die Gesichtshaut und reguliert ihren Fetthaushalt.

Hauptwirkungen

Entwässernd

Erfrischt den Atem

Verdauungsfördernd

Zubereitungen

Aufguss: 1–2 TL frische Petersilienblätter auf 1 Tasse kochend heißes Wasser. Standardmethode (S. 20).

Gesichtsdampfbad: 2 Handvoll frische Petersilienblätter mit 1,5 l kochend heißem Wasser übergießen. Dampfbad durchführen wie auf S. 24 beschrieben.

Senna *Senna alexandrina*

Schon die alten Ägypter kannten Senna als Abführmittel. Blätter und Früchte regen die Darmtätigkeit an, wobei die Früchte eine mildere Wirkung haben. Die Sennoside der Pflanze reizen die innere Darmwand, was die Darmmuskulatur zu Kontraktionen anregt. Andere Wirkstoffe verhindern die Absorption von Wasser, sodass der Darminhalt weich bleibt. Bei Darmentzündung und Reizdarm darf man weder die Blätter noch die Früchte verwenden, auch Schwangere und Stillende müssen beides meiden.

Pflanzentyp: Mehrjähriger Halbstrauch

Beschreibung:
1 m hoch, 1 m breit; gelbe Blüten

Heimat: Warmes Klima; Nordafrika

Verwendete Pflanzenteile: Blätter, Fruchthülsen, Blüten

Anbau und Ernte
- Braucht gut entwässerte Böden und Sonne.
- Im Frühjahr aus Samen im Gewächshaus oder im Sommer aus Stecklingen ziehen.
- Blätter vor oder während der Blüte, reife Schoten im Herbst ernten, beide trocknen.

Legende und Tradition
- Die ayurvedische Medizin verwendet Senna bei Verstopfung, doch auch bei

Hautproblemen, Gelbsucht, Bronchitis, Typhus und Anämie.

- In Nordafrika verwendet man Sennablätter und -früchte als Wurmmittel.
- Im tropischen Asien dient die Rinde des Sennastrauchs als Färbemittel für Leder.

Für Geist und Seele
- 2 Tropfen Blütenessenz (S. 34–35) unter die Zunge geträufelt, hilft bei der Bewältigung von unnötigen Schuldgefühlen, übertriebener Selbstkritik und Selbstmitleid.

Für den Körper
- Bei chronischer Verstopfung jeweils morgens und abends 1 Tasse Laxativ (Rezept nebenstehend) trinken, doch höchstens 2 Wochen lang, dann Pause einlegen.
- Jeweils morgens und abends 1 Tasse Aufguss (Rezept nebenstehend) dient als mildes Abführmittel. Maximal 2 Wochen anwenden.
- Gegen Hautpilz (Tinea) und Akne auf die betroffenen Partien einen Breiumschlag (S. 23) aus Sennablättern auflegen.

Hauptwirkungen

Stark abführend

Darmreinigend

Gegen Hautpilz

Zubereitungen

Laxativ: ½ TL getrocknete Sennafrüchte, ½ TL pulverisierte Süßholzwurzel und ½ TL getrocknete Ringelblumenblüten mit 1 Tasse kochend heißem Wasser übergießen, 5–10 Minuten ziehen lassen, abgießen und trinken.

Aufguss: ¼ –½ TL getrocknete Sennablätter auf 1 Tasse kochend heißes Wasser. Standardmethode (S. 20).

183

Mariendistel *Silybum marianum*

Schon Plinius berichtete vor 2000 Jahren von der leberschützenden Wirkung der Mariendistel. Die Früchte enthalten Silymarin, das die Leberzellen so verändert, dass viele Gifte nicht mehr eindringen können oder, falls sie eindringen, neutralisiert werden. Insgesamt hilft Mariendistel bei der Regeneration von Leberzellen, die durch Alkohol, Drogen, Hepatitis, Schwermetalle und Pestizide geschädigt wurden.

Pflanzentyp: Zweijähriger Korbblütler

Beschreibung: 1,5 m hoch, 1 m breit; rotviolette Distelblüten

Heimat: Kühles Klima; SW-Europa

Verwendete Pflanzenteile: Blätter, Früchte

Anbau und Ernte
- Braucht gut entwässerten, fruchtbaren Boden und Sonne.
- Im Sommer reife Samen säen.
- Reife Früchte ernten und trocknen.

Legende und Tradition
- Die Mariendistel war in Rom der Liebesgöttin Venus, bei den Germanen ihrem Equivalent, der nordischen Göttin Freia geweiht.

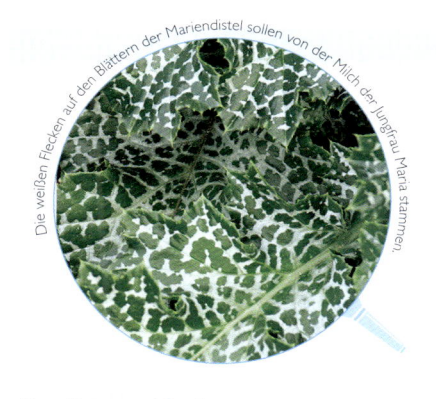

Die weißen Flecken auf den Blättern der Mariendistel sollen von der Milch der Jungfrau Maria stammen.

Für Geist und Seele

- Die Früchte der Mariendistel über Nacht in Wasser einweichen und anderntags gut kauen und schlucken, verbessert die Denkfähigkeit.

Für den Körper

- Zur Stärkung der Entgiftungsfähigkeit der Leber 3 × täglich so lange wie notwendig eine 200 mg Kapsel mit Mariendistelextrakt (Anmerkung nebenstehend) einnehmen.
- Zur Anregung der Gallentätigkeit 3 × täglich 2–3 mit pulverisierten Mariendistelfrüchten gefüllte Kapseln (S. 21) einnehmen.
- Um den Milchfluss beim Stillen anzuregen, 3 × täglich 1 Tasse Abkochung (Rezept nebenstehend) trinken.

Löwenzahn *Taraxacum officinale*

Die Blätter dieser oft als »Unkraut« verschrienen Pflanze enthalten die Vitamine A, B, C und D, außerdem Kalium (ein wichtiger Vorteil gegenüber pharmazeutischen Entwässerungsmitteln, die dem Körper Kalium entziehen), Zink, Eisen und Kalzium. Der Blattaufguss reinigt das Blut und hilft bei Akne und Ekzemen, der Milchsaft kann zur Entfernung von Hühneraugen und Warzen verwendet werden. Die Wurzel regt die Gallen-, Leber- und vor allem die Nierentätigkeit an.

Pflanzentyp:
Mehrjähriger Korbblütler

Beschreibung: 30 cm hoch, 20 cm breit; gelbe Blüten, tiefe Pfahlwurzel

Heimat: Kühles Klima; Europa

Verwendete Pflanzenteile:
Blüten, Blätter, Wurzel

Anbau und Ernte
- Anspruchslos, liebt aber Sonne.
- Samen im Frühjahr säen oder Vermehrung aus Wurzelstücken.
- Zum Rohverzehr junge Blätter pflücken, zum Trocknen Blätter zur Zeit der Blüte ernten. Wurzeln der 2-jährigen Pflanze im Herbst ausgraben, frisch oder getrocknet verwenden.

Legende und Tradition

• Nordamerikanische Indianer behandelten Nierenleiden und Hautprobleme mit Löwenzahn.

• Seiner stark entwässernden Wirkung wegen nennt der deutsche Volksmund den Löwenzahn auch »Pisskraut«.

Für Geist und Seele

• 4 Tropfen Löwenzahnblütenessenz (S. 34 – 35) ins Badewasser gegeben, entspannt die Muskeln und hilft zu einem gelassenen Auftreten.

Für den Körper

• 3 x täglich 1–2 TL Löwenzahn-Tinktur (Rezept nebenstehend) einnehmen, wirkt reinigend auf Leber und Gallenblase.

• Zur Linderung von Akne und Ekzemen 3 x täglich 1 Tasse Aufguss (Rezept nebenstehend) trinken.

• Zur Reinigung der Gesichtshaut eine Löwenzahnwurzel und die Blätter des untersten Blattkranzes entsaften und als Paste auf das Gesicht streichen.

Hauptwirkungen

Entwässernd

Regt die Leber an

Reinigt die Haut

Zubereitungen

Tinktur: 15 g getrocknete, pulverisierte oder 30 g frische, gehackte Löwenzahnwurzel auf 1 l Wodka-Wasser-Mischung. Standardmethode (S. 20).

Aufguss: ½–1 TL getrocknete oder 1–2 TL frische Löwenzahnblätter auf 1 Tasse kochend heißes Wasser. 5–10 Minuten ziehen lassen, abgießen und trinken.

187

Wiesenklee *Trifolium pratense*

Die Blütenköpfe des Wiesen- oder Rotklees reinigen das Blut, verbessern die Haut, tun der Leber gut und lindern arthritische Beschwerden. Da sie Krebszellen bekämpfendes Biochanin enthalten, werden sie von Kräuterkundigen bei Brust- und Eierstockkrebs als unterstützende Therapie empfohlen. Die antimikrobiellen Wirkstoffe des Klees bekämpfen Tuberkulose, die östrogenen Eigenschaften der enthaltenen Isoflavone helfen bei der Bekämpfung von Wechseljahresbeschwerden der Frau. Baut man Klee im eigenen Garten an, düngt er den Boden mit Stickstoff.

Pflanzentyp: Mehrjährige, winterharte Pflanze

Beschreibung: 30 cm hoch, 15 cm breit; duftende rote Blütenköpfe

Heimat: Kühle Klimazonen; Europa

Verwendete Pflanzenteile: Blüten, Blätter

Anbau und Ernte

- Bevorzugt leichte, gut entwässerte Böden und Sonne.
- Samen im Frühjahr 12 Stunden in warmem Wasser einweichen, dann direkt ins Freibeet aussäen.
- Blüten pflücken, wenn sie sich öffnen, zur Aufbewahrung trocknen.

Legende und Tradition
- Wiesenklee ist die Nationalblume Dänemarks.
- Im 19. Jahrhundert behandelten Kräuterkundige Mumps und Keuchhusten mit Klee.

Für Geist und Seele
- 4 Tropfen Blütenessenz (S. 34–35) unter die Zunge geträufelt, hilft beim meditativen Übergang zu einer höheren Bewusstseinsebene ruhig und ausgeglichen zu bleiben.

Für den Körper
- Zur Reinigung der Lymphe und des Blutes und zur Stärkung des Gesamtsystems bei Krebs bis zu 3 Monate lang täglich 3 Tassen Heilmischung mit Klee (Rezept nebenstehend) trinken.
- Bei Ekzemen und Psoriasis täglich 3–4 mit getrockneten, pulverisierten Kleeblüten gefüllte Kapseln (S. 21) einnehmen.
- Gegen Hitzewallungen und Nachtschweiß in den Wechseljahren nach Bedarf bis zu 3 × täglich 2–3 mit getrockneten, pulverisierten Kleeblüten gefüllte Kapseln (S. 21) einnehmen.

Hauptwirkungen

Blutreinigend

Hautfreundlich

Erleichtert Menopause

Zubereitung

Heilmischung mit Klee: Folgende Kräuter (frisch oder getrocknet) hacken und mischen: Je 90 g Klee- und Waldsauerkleeblüten sowie Klettenwurzel, je 30 g Kelp, Feldulmenrinde und Benediktenkraut. Jeweils 1 TL der Mischung mit 1 Tasse Wasser 5 Minuten kochen. Abgießen und trinken.

Große Brennessel *Urtica dioica*

Therapeutisch eingenommen, regt die Brennnessel Nieren und Blase an, Gifte aus dem Körper auszuschwemmen. Die Blätter bringen den Kreislauf in Schwung und filtern Harnsäure aus, was Gicht, Arthritis und Ekzemen entgegenwirkt. Junge Blätter sind reich an Vitaminen, Eisen, Zink und Chlorophyll, können wie Spinat zubereitet oder als Aufguss genossen werden. Forschungen scheinen zu belegen, dass Brennnesselwurzel gutartige Prostatabeschwerden lindern kann. Durch Erhitzen oder Trocknen verlieren die Brennhaare ihre Wirkung.

Anbau und Ernte
- Anspruchslos, bevorzugt aber Halbschatten.
- Oberflächenaussaat der Samen im Frühjahr oder durch Teilung vermehren.
- Junge Blätter zu medizinischen und kulinarischen Zwecken im Frühsommer vor der Blüte ernten; Blüten im Spätsommer, die Wurzeln im Herbst ausgraben. Alle Teile frisch oder getrocknet verwenden.

Pflanzentyp: Winterharte, mehrjährige Pflanze

Beschreibung: 1,5 m hoch, 20 cm breit; Blätter mit Brennhaaren

Heimat: Kühles Klima; Nordhalbkugel

Verwendete Pflanzenteile: Blätter, Stängel, Samen, Wurzel

Legende und Tradition

- Aus den Pflanzenfasern wurde schon in der Bronzezeit (und bis in die Neuzeit hinein) ein grober Stoff hergestellt.
- Ägyptische Papyri empfehlen Brennnessel-aufguss gegen Arthritis und Hexenschuss.

Für Geist und Seele

- Je 2 Tropfen Brennnesselblütenessenz (S. 34–35) auf die Handgelenke gegeben, wandelt das Gefühl von Machtlosigkeit.

Für den Körper

- Täglich 2 Tassen Aufguss (Rezept nebenstehend) trinken, wirkt als allgemein reinigendes Körpertonikum.
- Zur Linderung von Gicht, Arthritis und Rheuma so lange wie notwendig 3 × täglich 1 Tasse Abkochung (Rezept nebenstehend) trinken.
- Zur Linderung der Beschwerden bei gutartig vergrößerter Prostata 3 × täglich 2–3 mit pulverisierter getrockneter Brennnesselwurzel gefüllte Kapseln (S. 21) einnehmen.

Hauptwirkungen

Entwässernd

Prostataunterstützend

Blutreinigend

Zubereitungen

Aufguss: 1 TL getrocknete oder 2 TL frische Brennnesselblätter auf 1 Tasse kochend heißes Wasser. Standardmethode (S. 20).

Abkochung: 30 g getrocknete oder 60 g frische Brennnesselwurzel auf 750 ml Wasser. Standardmethode (S. 20).

7. KAPITEL

Entspannende Kräuter

Wer sehnt sich nach einem anstrengenden Arbeitstag nicht danach, zu Hause die Füße hochzulegen und zu entspannen? Und was spricht dagegen, diese Entspannung und das Wohlbefinden mit Hilfe natürlicher Kräuter zu optimieren?

Sich einen Moment lang zu seinen Kräutern zu setzen, und sei es nur ein Kräuterkasten auf dem Fensterbrett, ist eine der wirkungsvollsten Methoden, nach einem turbulenten Tag zur Ruhe zu kommen. Man streicht über die Blätter, atmet den Duft ein und fühlt, wie man ruhiger wird. Man pflückt ein paar Blätter vom Borretsch, von der Melisse oder Schlüsselblume und bereitet sich einen Aufguss zu, der Kopfweh und nervöse Erschöpfung lindert. Gegen Muskelverspannungen, oft eine Folge des am Schreibtisch verbrachten Arbeitstages, helfen Kamillen- und Lindenblütentee, die zugleich auch die Nerven beruhigen.

Eine ausgesprochen sedierende, Ängste, doch auch

Aggressionen abbauende Wirkung haben Baldrian und Helmkraut. Sind Sie hingegen eher traurig gestimmt, vielleicht sogar schon ein wenig depressiv, so ist Tüpfel-Johanniskraut das Richtige. Selbst Schulmediziner verordnen es häufig bei leichten depressiven Störungen.

Doch wirken die in diesem Kapitel vorgestellten Kräuter nicht nur auf den erschöpften Geist. Auch der Körper profitiert, selbst wenn man nicht unter akutem Stress steht, wenn man sich von Zeit zu Zeit ein entspannendes warmes Wannenbad gönnt, dem man ein paar Tropfen ätherisches Kamillenöl beigegeben hat.

Möchte man sich an einem Wochenende rundum ausschlafen, kann man dies durch Einnahme von Aufgüssen mit Passionsblume, Dill oder Saathafer unterstützen und sich zusätzlich in Laken hüllen, die man mit Lavendel parfümiert hat.

Dill *Anethum graveolens*

Der aromatisch duftende Dill hat einen einzigartigen Geschmack, der in den Früchten (Samen) am ausgeprägtesten, in den Fiederblättchen am schwächsten und in den Blütendolden am feinsten ist. Dill regt die Verdauung an, lindert Magenschmerzen, Völlegefühl, Blähungen und Schluckauf und wirkt milde schlaffördernd.

Pflanzentyp: Einjähriger Doldenblütler

Beschreibung: 60 cm hoch, 20 cm breit; Dolden mit gelben Blüten

Heimat: Warmes Klima; SW-Europa

Verwendete Pflanzenteile: Blüten, Blätter, Stiele, Früchte, ätherisches Öl (der ganzen Pflanze)

Anbau und Ernte

- Dill bevorzugt leichte, gut entwässerte Böden und Sonne.
- Samen im Frühjahr ½ cm tief einsäen, die Sämlinge auf 30 cm Abstand ausdünnen. (Nicht neben Fenchel säen, die Pflanzen kreuzen sich sonst.)
- Reife Früchte einsammeln und trocknen.

Legende und Tradition

- Ein altägyptisches Rezept erwähnt Dill als Schmerzmittel.
- Die alten Griechen legten sich bei Schlaflosigkeit Dillstängel auf die Augen.

Der auch Gurkenkraut genannte Dill ist ein beliebtes, schmackhaftes Küchenkraut

Hauptwirkungen

Nervenstärkend

Stressreduzierend

Verdauungsfördernd

Für Geist und Seele

• 2 Tropfen Dillblütenessenz (S. 34–35) unter die Zunge geträufelt, erweitert und verbessert das Verständnis seiner selbst.

Für den Körper

• 3 × täglich 1 Tasse Dillsamenaufguss (Rezept nebenstehend) hilft bei Unruhe und bei durch Stress bedingten Schlafstörungen.

• Gegen Magenschmerzen und/oder Blähungen bis zu 3 × täglich 1 TL Dilltinktur (Rezept nebenstehend) einnehmen.

• Zur Linderung einer Kolik bei Kleinkindern 1 TL halb starken Aufguss (Rezept nebenstehend) einflößen.

Zubereitungen

Aufguss: 1–2 TL leicht zerstoßene Dillsamen auf 1 Tasse kochend heißes Wasser. Standardmethode (S. 20). (Für halb starken Aufguss bei gleicher Wassermenge ½–1 TL Samen nehmen.)

Tinktur: 200 g getrocknete Dillsamen auf 1 l Wodka-Wasser-Mischung. Standardmethode (S. 20).

Saathafer *Avena sativa*

Reich an Vitamin E, Mineralien und Protein, ist der Hafer Gesundheitsnahrung für Herz, Nerven und Thymusdrüse. Haferkraut oder »Grüner Hafer« (die oberirdischen, vor der Vollblüte geernteten Teile) dienen zur Regeneration eines erschöpften Nervensystems, zur Linderung von Schlafstörungen, Depression, Erschöpfung und Erkältung, zum Ausgleich eines Östrogenmangels und zur Senkung des Harnsäurespiegels. Haferstroh nützt Haut, Haar und Nägeln.

Pflanzentyp: Einjähriges Rispengras

Beschreibung: 1 m hoch; Getreidepflanze mit lockeren Rispen

Heimat: Kühles Klima; Westeuropa

Verwendete Pflanzenteile: Alle oberirdischen Teile

Anbau und Ernte

- Braucht fruchtbare Erde und Sonne.
- Samen im Frühjahr direkt ins Beet säen.
- Haferkraut ernten, bevor die Früchte ausreifen; Haferstroh im Herbst nach der Ernte der Früchte einbringen und trocknen.

Legende und Tradition

- Den Römern galt Hafer als Pferdefutter; mit Verachtung blickten sie auf die »Hafer essenden Barbaren« des Nordens.

• In der TCM wird die ganze Haferpflanze zur
Stärkung des chi (S. 18) und des Nervensystems und gegen Depressionen genutzt.

Für Geist und Seele
• 2 Tropfen Haferblütenessenz (S. 34–35) unter
die Zunge geträufelt, hilft bei der Wahl eines
neuen Weges.

Für den Körper
• 1 Tasse Abkochung (Rezept nebenstehend)
über den Tag verteilt getrunken, regeneriert
ein erschöpftes Nervensystem.
• Bei extrem trockener, juckender Haut hilft ein
Bad mit Haferstroh (Rezept nebenstehend),
außerdem 3 x täglich 1 Tasse Abkochung
(Rezept nebenstehend) trinken.

Besonderer Tipp:
Haferbrei für einen gesunden Start in den Tag: Je
½ Tasse Haferflocken und Milch, 1 Tasse Wasser, 2
EL Rosinen, 1 zerdrückte Banane, je eine Prise
Muskat, Zimt und Salz in einen Topf geben und
4 Minuten köcheln lassen.

Hauptwirkungen

Gegen Schlaflosigkeit

Verleiht Energie

Beruhigt die Haut

Zubereitungen

Abkochung: 1 TL
getrocknetes oder 2 TL
frisches Haferkraut 5–10
Minuten in 1½ Tassen
Wasser kochen, abseihen
und trinken.

Haferstrohbad: 100 g
gehacktes Haferstroh
20 Minuten in 3 l Wasser
köcheln lassen, dann die
Mischung dem Bade-
wasser zusetzen.

197

Borretsch *Borago officinalis*

Mit seinen – essbaren – blauen Blüten ist der Borretsch ein hübsches Kraut, das dem Herz gut tut und Melancholie vertreibt. Blätter und Blüten (beide nur in Maßen genießen) fördern die Ausschüttung von Adrenalin, das den unter Stress stehenden Körper zum Handeln treibt. Der Samen enthält Gamma-Linolensäure, die Wechseljahresbeschwerden, Reizdarmsymptome, Ekzeme, Arthritis und Kater lindert.

Anbau und Ernte
- Anspruchslos, mag aber Sonne.
- Samen im Frühjahr ins Beet säen oder Sämlinge (bei gemäßigtem Klima) im Spätherbst auspflanzen, um eine frühe Ernte zu gewährleisten.
- Blätter ab dem Frühjahr ernten, Blüten den Sommer über, beide frisch verwenden oder trocknen (nicht lange aufbewahren, sie verlieren rasch an Wirkkraft).

Pflanzentyp: Winterharte, einjährige Pflanze

Beschreibung: 60 cm, 30 cm breit; blaue Blüten

Heimat: Gemäßigtes Klima; Mittelmeerraum

Verwendete Pflanzenteile: Blüten, Blätter, Samen

Legende und Tradition

- Plinius berichtet, dass Römer Borretschblüten aßen, um die Stimmung und das Selbstvertrauen zu heben.
- Chronisten berichten, dass manche Kreuzfahrer einen Trank zu sich nahmen, der Borretsch enthielt, um den Mut zu stärken.

Für Geist und Seele

- Bis 3 × täglich 1 Tasse Borretschaufguss (Rezept nebenstehend) hilft bei Depression und Schlaflosigkeit und hebt die Stimmung bei Stress.

Für den Körper

- 3 × täglich 1–2 TL Borretsch-Hustensirup (Rezept nebenstehend) bei trockenem Husten, fiebriger Erkältung und Atemwegsbeschwerden einnehmen, bis die Symptome abklingen.
- Zur Beruhigung irritierter, juckender Haut wie sie bei Akne, Ekzem und Psoriasis vorkommt, 1 Handvoll Borretschblätter entsaften, Saft 50:50 mit Wasser verdünnen und auf den betroffenen Hautstellen verreiben.

Hauptwirkungen

Hebt die Stimmung

Lindert Husten

Beruhigt die Haut

Zubereitungen

Aufguss: 1 TL getrocknete oder 2 TL frische Borretschblätter auf 1 Tasse kochend heißes Wasser. Standardmethode (S. 20).

Hustensirup: 2 Tassen Aufguss (s.o.) herstellen und mit 2–4 TL Honig oder Rohzucker zu einem Sirup verrühren. Im Kühlschrank bis zu 1 Woche aufbewahren.

199

Tüpfel-Johanniskraut *Hypericum perforatum*

Hält man ein Blatt dieses Krauts gegen das Licht, scheint es durchlöchert zu sein. Tatsächlich handelt es sich um transparente Zellen, die viele der aktiven Wirkstoffe der Pflanze enthalten. Einige dieser Stoffe helfen bei leichten Depressionen, der Extrakt der Blüten ist antiviral und beruhigend, lindert Nervenschmerzen und wirkt entzündungshemmend. Äußerlich wirkt Johanniskraut bei kleinen Schnittwunden, Prellungen und Muskelschmerzen. Innerlich angewendet macht es die Haut lichtempfindlich, deshalb während der Anwendungsdauer die Sonne meiden.

Pflanzentyp: Ausdauernde, mehrjährige Staude

Beschreibung: 1 m hoch, 45 cm breit; gelbe Blüten

Heimat: Kühles Klima; Europa, Asien

Verwendete Pflanzenteile: Blüten, Blätter, Samen

Anbau und Ernte
- Gedeiht in gut entwässerten Böden braucht Sonne.
- Reife Samen im Frühjahr oder Herbst im Gewächshaus säen; Pflänzchen im Sommer ins Freibeet umsetzen.
- Blüten im Frühsommer pflücken, frisch oder getrocknet verwenden.

Legende und Tradition

- Das nach Johannes dem Täufer benannte Kraut blüht angeblich ab dem Johannestag (24. Juni).
- Hippokrates empfahl das Johanniskraut gegen »nervöse Unruhe«.

Für Geist und Seele

- Bei vorübergehenden, leichten depressiven Störungen bis zur Besserung 3 × täglich 1 TL Tinktur (Rezept nebenstehend) einnehmen.
- Gegen unbestimmte Ängste bis zu 3 × täglich 1 Tasse Aufguss (Rezept nebenstehend) trinken.

Für den Körper

- Bei Muskelschmerzen, Verstauchung, Prellungen, kleinen Wunden oder Entzündungen die betroffenen Partien mit einigen Tropfen Ölauszug (S. 23; doch 2 Monate ziehen lassen) einreiben.
- 4 × täglich 1 TL Tinktur (Rezept nebenstehend) unterstützt den Körper bei der Bekämpfung einer Virusinfektion.

Hauptwirkungen

Antidepressivum

Lindert Muskelschmerz

Antiviral

Zubereitungen

Tinktur: 200 g getrocknetes oder 400 g frisches Johanniskraut auf 1 l Wodka-Wasser-Mischung. Standardmethode (S. 20).

Aufguss: 1–2 TL getrocknetes oder 2 TL frisches Johanniskraut auf 1 Tasse kochend heißes Wasser. Standardmethode (S. 20).

Echter Lavendel *Lavandula angustifolia*

Den medizinischen Wert des Lavendels entdeckte man im 15. Jahrhundert, als Gerber, die Lavendel zum parfümieren von Handschuhleder verwendeten, von der Pest verschont blieben. Heute nutzt man Lavendel bei nervöser Erschöpfung und Spannungskopfschmerz. Lavendelblütenwasser beschleunigt die Zellerneuerung der Haut und dient als antiseptisches Gesichtswasser bei Akne.

Anbau und Ernte

- Braucht leichte, gut entwässerte Böden und Sonne.
- Oberflächenaussaat im Gewächshaus; dort im ersten Jahr überwintern, dann ins Freibeet umsetzen. Oder im Sommer 8 cm lange Stecklinge schneiden; sie bewurzeln sich leicht.
- Die ährenartigen Blütenstände ernten, wenn die meisten Blüten geöffnet sind; frisch oder getrocknet verwenden.

Legende und Tradition

- Im botanischen Namen steckt das Wort *lavare* (waschen), denn Griechen und Römer

Pflanzentyp: Winterharter, mehrjähriger Strauch

Beschreibung: 80 cm hoch, 80 cm breit; lila oder blaue Blüten

Heimat: Warmes Klima; Mittelmeerraum

Verwendete Pflanzenteile: Blüten, Blätter, Stiele, ätherisches Öl (der oberirdischen Teile)

Zubereitungen

Aufguss: 1 TL getrocknete oder 2 TL frische Lavendelblüten auf 1 Tasse kochend heißes Wasser. Standardmethode (S. 20). (Für dreifach starken Aufguss 3 TL getrocknete oder 6 TL frische Lavendelblüten auf 1 Tasse Wasser.)

Massageöl: 4 EL Mandelöl mit folgenden ätherischen Ölen mischen: 5 Tropfen Lavendel-, je 2 Tropfen Fenchel- und Ingweröl.

nutzten Lavendel, um das Badewasser zu parfümieren.
- Hildegard von Bingen empfahl
  Lavendeltinktur zur Behandlung
  von Kopfschmerz und Migräne.

Für Geist und Seele
- Zur Einleitung eines ruhigen
  Schlafs auf jeden Zeigefinger
  1 Tropfen ätherisches Lavendel geben
  und damit Schläfen, Hand- und Fußge-
  lenke, Solar Plexus und den Punkt unter
  der Nase berühren.
- 3 × täglich 1 Tasse Lavendelblütenaufguss
  (Rezept nebenstehend) hilft gegen nervöse
  Unruhe.

Für den Körper
- Dreifach starker Lavendelblütenaufguss (Re-
  zept nebenstehend) ergibt ein zellerneuern-
  des, antiseptisches Gesichtswasser.
- Gegen Cellulitis, Wassereinlagerung oder
  Muskelschmerzen die betroffenen Partien mit
  Massageöl (Rezept nebenstehend) massieren.

Hauptwirkungen

Tief entspannend

Beruhigt den Geist

Hauttonikum

Echte Kamille *Matricaria recuita*

Der Champion unter den Heilpflanzen wirkt nicht nur beruhigend bei nervösem Stress und entzündungshemmend. Die in der Kamille enthaltenen Azulene regenerieren die Leberzellen und liefern Antihistamine (Stoffe, die allergische Reaktionen hemmen). Der Aufguss aus den Blüten hilft, getrunken, bei Magen- und Verdauungsproblemen, äußerlich angewendet ist er ein erfrischendes Hauttonikum. Therapeutisch fast identische Wirkweisen hat die Römische Kamille (*Chamaemelum nobile*), obgleich sie andere Wirkstoffe enthält.

Pflanzentyp: Einjährige Pflanze

Beschreibung: 45 cm hoch, 30 cm breit; gelbe Korbblüte mit weißen Blüten

Heimat: Alle Klimazonen; Europa, Westasien

Verwendete Pflanzenteile: Blüten, Blätter, ätherisches Öl (der Blütenköpfe)

Anbau und Ernte
- Wächst problemlos auf gut entwässertem Boden an sonnigem Standort.
- Samen im Frühjahr ins Beet säen.
- Geöffnete Blüten im Sommer sammeln und trocknen.

Legende und Tradition
- Die Ägypter weihten die

Kamille der göttlichen Sonne, priesen ihre Heilkräfte und schnupften die pulverisierten Blüten.
- Frühe europäische Kräuterkundige empfahlen Kamille gegen Asthma und Schlaflosigkeit.

Für Geist und Seele
- Bis zu 3 × täglich 1 Tasse Kamillenblütenaufguss (Rezept nebenstehend) hilft bei Nervosität, die von Muskelspannungen begleitet ist.

Für den Körper
- Um Heuschnupfensymptome im Keim zu ersticken, in jedes Nasenloch 1 Tropfen ätherisches Kamillenöl träufeln und einatmen. Nach Bedarf wiederholen.
- Gegen Sonnenbrand 1 l Aufguss (Rezept nebenstehend) ins Badewasser geben, Badedauer 20 Minuten.
- Gegen Verdauungsbeschwerden, Gastritis und nervös bedingte Magengeschwüre bis zum Abklingen der Beschwerden bis zu 3 × täglich 1 TL Tinktur (Rezept nebenstehend) einnehmen.

Hauptwirkungen

Beruhigend

Verdauungsfördernd

Entzündungshemmend

Zubereitungen

Aufguss: 1 TL getrocknete oder 2 TL frische Kamillenblüten auf 1 Tasse kochend heißes Wasser. Standardmethode (S. 20).

Tinktur: 200 g getrocknete oder 400 g frische Kamillenblüten auf 1 l Wodka-Wasser-Mischung. Standardmethode (S. 20).

Melisse *Melissa officinalis*

Paracelsus nannte die nach Zitrone duftende und schmeckende Melisse ein Lebenselixier, denn er sah in ihr ein Allheilmittel. Traditionell gilt die Melisse als ein stimmungshebendes Beruhigungsmittel. Die Wissenschaft scheint belegen zu können, dass sie die Gedächtnisleistung verbessert, gegen manche Virusinfektionen wirkt und bei der Wundheilung hilft. Das erfrischende ätherische Öl der Melisse leistet Menschen, die an Ekzemen und Allergien leiden, gute Dienste.

Anbau und Ernte
- Mag nährstoffreiche Böden und Sonne.
- Samen direkt ins Beet säen oder Pflanze durch Stecklinge oder Teilung vermehren.
- Die frisch zu verwendenden Blätter ganzjährig ernten, zum Trocknen kurz vor der Blüte (die Wirkstoffe bleiben dabei erhalten, doch der Zitronenduft verfliegt). Die Triebspitzen zur frischen Verwendung abknipsen, regt das Blattwachstum an.

Pflanzentyp: Winterharte, mehrjährige Pflanze

Beschreibung: 1 m hoch, 1 m breit; weißliche bis bläuliche Lippenblüten

Heimat: Alle Klimazonen; Südeuropa

Verwendete Pflanzenteile: Blätter, ätherisches Öl (der oberirdischen Teile)

Zubereitungen

Aufguss: 1 TL getrocknete oder 2 TL frische Melissenblätter auf 1 Tasse kochend heißes Wasser. Standardmethode (S. 20).

Tinktur: 200 g getrocknete oder 400 g frische Melissenblätter auf 1 l Wodka-Wasser-Mischung. Standardmethode (S. 20).

Legende und Tradition

- Mit Melisse pflegten Imker einst Bienen in verlassene Stöcke zu locken.

Für Geist und Seele

- Für einen guten Start in den Tag statt schwarzem Tee morgens 1 Tasse Melissenaufguss (Rezept nebenstehend) trinken.
- 3 × täglich 1 Tasse Melissenaufguss (Rezept nebenstehend) dient zur Linderung von nervöser Spannung, leichter Depression und unbestimmten Ängsten.

Für den Körper

- 3 × täglich 1 TL Melissentinktur (Rezept nebenstehend) hilft gegen stressbedingten Bluthochdruck und Herzklopfen.
- Um den Appetit und die Verdauung anzuregen oder die durch einen nervösen Magen verursachten Beschwerden zu lindern, bis zu 3 × täglich 1 TL Melissentinktur (Rezept nebenstehend) einnehmen.

Hauptwirkungen

Baut Stress ab

Reguliert das Herz

Beruhigt den Magen

Katzenminze *Nepeta cataria*

Der botanische Name leitet sich von der römischen Stadt Nepeti ab, wo man die als Gewürz- und Heilpflanze geschätzte Katzenminze einst kultivierte. Der Geruch der Blätter und Wurzeln lockt Katzen, stößt aber Ratten und Erdflöhe ab (die gern Getreidepflanzen befallen). Eins rauchte man die getrockneten Blätter zur Beruhigung; heute verwendet man die Blätter und blütenbesetzten Triebspitzen bei Erkältung, Magenbeschwerden, Fieber, Kopfweh und Irritationen der Kopfhaut. Schwangere sollten Katzenminze meiden.

Pflanzentyp: Winterharte, mehrjährige Pflanze

Beschreibung: 1 m hoch, 60 cm breit; weißliche Lippenblüten

Heimat: Kühles Klima; Europa

Verwendete Pflanzenteile: Blätter, blühende Triebspitzen

Anbau und Ernte

- Anspruchslos, braucht aber Sonne.
- Vermehrung durch im Herbst gesäte Samen, durch Teilung im Frühjahr oder Herbst oder durch Stecklinge im Frühsommer.
- Blätter ganzjährig, Blüten im Sommer ernten, frisch oder getrocknet verwenden.

Legende und Tradition

- In Frankreich ist Katzenminze ein beliebtes Küchenkraut, mit dem man vor allem Fleisch würzt, zart macht und mariniert.
- Auch die sanfteste Person soll streitsüchtig werden, wenn sie die Wurzel kaut.

Für Geist und Seele

- Pulverisierte getrocknete Katzenminzenblätter in einem Räuchergefäß verbrennen und den Rauch im Raum verteilen, erfüllt das Leben mit Glück und Freude.

Für den Körper

- Bis zu 3 × täglich 1 Tasse Aufguss (Rezept nebenstehend) hilft bei Spannungskopfschmerz, Ängsten und Schlaflosigkeit.
- Bis zu 3 × täglich 1 TL Tinktur (Rezept nebenstehend) lindert stressbedingte Verdauungsstörungen.
- Morgens und abends einen Breiumschlag (S. 23) mit Katzenminzeblättern auftragen, lindert den Flüssigkeitsstau in den Beinen, der die Füße anschwellen lässt.

Hauptwirkungen

Beruhigend

Schlaffördernd

Reguliert Verdauung

Zubereitungen

Aufguss: 1 TL getrocknete oder 2 TL frische Katzenminzeblätter und -triebspitzen auf 1 Tasse kochend heißes Wasser. Standardmethode (S. 20).

Tinktur: 200 g getrocknete oder 400 g frische Katzenminzeblätter und -triebspitzen auf 1 l Wodka-Wasser-Mischung. Standardmethode (S. 20).

Gemeine Nachtkerze *Oenothera biennis*

Zu beobachten, wie sich im abendlichen Zwielicht die gelben Blüten entfalten, gehört zu den schönen Momenten des Lebens. Das Öl der reifen Samen ist das eigentliche Wundermittel der Pflanze. Es enthält verschiedene Fettsäuren, die für die Gesunderhaltung der Haut nötig sind, aber auch Gamma-Linolensäure, die den weiblichen Hormonhaushalt ausgleichen kann, allergische Ekzeme reduziert und die Durchblutung fördert. Auch bei depressiven Verstimmungen und bei Hyperaktivität von Kindern soll sich die Nachtkerze positiv auswirken. Die adstringierend wirkenden oberirdischen Teile dienen als Hustenmittel.

Pflanzentyp: Winterharte, zweijährige Pflanze

Beschreibung: 1 m hoch, 30 cm breit; gelbe Blüten, kleine schwarze Samen

Heimat: Kühles Klima; Nordamerika

Verwendete Pflanzenteile: Samen, Blätter, Stiele, Öl der Samen

Anbau und Ernte
- Mag sandig-lehmige, gut entwässerte Böden und sonnigen Standort.
- Samen im Frühsommer direkt ins Beet säen.
- Blätter und Blüten im Sommer ernten und trocknen. Reife Samen im Herbst ernten, trocknen, dann mahlen oder mit dem Stößel im Mörser Öl auspressen.

Legende und Tradition

• Die Indianer Nordamerikas heilten Prellungen und Hämorrhoiden mit Blattumschlägen.

Für Geist und Seele

• 3–5 × täglich eine Kapsel mit 3–5 g Nachtkerzenöl einnehmen, beruhigt aufbrausende Persönlichkeiten und Patienten mit Demenz.

Für den Körper

• Zur Stärkung des Herzens bei chronischem Stress und zur Senkung des Blutdrucks 2–4 × täglich eine Kapsel mit 1 g Nachtkerzenöl einnehmen.

• Bei krampfartigem Husten 3 × täglich 1 Tasse Aufguss (Rezept nebenstehend) trinken, bis der Husten nachlässt.

• Bei prämenstruellen Beschwerden oder Wechseljahressymptomen 3–5 × täglich eine Kapsel mit 1 g Nachtkerzenöl einnehmen.

• Zu jeder Mahlzeit 1 Tasse Abkochung (Rezept nebenstehend) trinken, unterstützt die Bemühung, ein paar Pfunde loszuwerden.

Hauptwirkungen

Stressmildernd

Gleicht Hormone aus

Kreislauffördernd

Zubereitungen

Aufguss: 1 TL getrocknete Nachtkerzenblätter auf 1 Tasse kochend heißes Wasser. Standardmethode (S. 20).

Abkochung: 30 g getrocknete Nachtkerzenwurzel auf 750 ml Wasser. Standardmethode (S. 20).

211

Fleischfarbene Passionsblume

Passiflora incarnata

Im 16. Jahrhundert nach Amerika gekommene spanische Missionare erkannten in der Blüte an die Passion Christi erinnernde Aspekte und verliehen der Pflanze ihren Namen. Die Blätter und Stängel liefern ein schlafförderndes Beruhigungsmittel, das auch den Herzschlag reguliert, den Blutdruck senkt und Muskelverspannungen lockert, außerdem Wirkstoffe, die bei Drogenentzug auftretende Übelkeit, Nervenschmerzen und neuralgische Symptome mindern. Schwangere sollten die Passionsblume meiden.

Pflanzentyp: Mehrjährige Kletterpflanze

Beschreibung: bis 9 m hoch; creme- bis lavendelfarbene Blüten

Heimat: Tropisches Klima; Südamerika

Verwendete Pflanzenteile: Blätter, Stängel, Blüten, essbare Früchte, Wurzel

Anbau und Ernte
- Braucht gut entwässerten, leichten Boden und Sonne.
- 12 Stunden in warmem Wasser eingeweichten Samen im Gewächshaus säen oder im Sommer Stecklinge in sandige Erde setzen.
- Oberirdische Teile im Sommer ernten, frisch oder getrocknet verwenden.

Legende und Tradition

• Die nordamerikanischen Indianer nutzten die oberirdischen Teile zur Behandlung geschwollener Augen, die Wurzel als Kräftigungsmittel.
• Mexikanische Kräuterkundige behandeln mit der Pflanze Schlaflosigkeit und Hysterie.

Für Geist und Seele

• Vor der Meditation 4 Tropfen Blütenessenz (S. 34–35) unter die Zunge getropft, verschafft Zugang zu höheren Bewusstseinsebenen.
• Gegen stressbedingte Schlaflosigkeit vor dem Zubettgehen 1 Tasse Schlaftee (Rezept nebenstehend) trinken.

Für den Körper

• Gegen stressbedingten hohen Blutdruck, durch Stress ausgelöstes Herzklopfen und Verdauungsbeschwerden 3 × täglich 1 Tasse Aufguss (Rezept nebenstehend) trinken.
• Kompressen (S. 23) mit doppelt starkem Aufguss aus Passionsblumenblättern (Rezept nebenstehend) vermögen leichtere Hautirritationen zu lindern.

Hauptwirkungen

Sedativ

Blutdrucksenkend

Hautberuhigend

Zubereitungen

Schlaftee: Je ½ TL getrocknete Passionsblumen- und Helmkrautblätter sowie ½ TL getrocknete Baldrianwurzel 10 Minuten in 1 Tasse kochend heißem Wasser ziehen lassen. Abgießen und trinken.

Aufguss: ½–1 TL getrocknete Passionsblumenblätter auf 1 Tasse kochend heißes Wasser. Standardmethode (S. 20).

Schlüsselblume *Primula veris*

Die Blüten der Schlüsselblume liefern ein Mittel gegen nervöse Spannungen und Kopfschmerzen. Andere Wirkstoffe bekämpfen Hautalterung bewirkende freie Radikale, nützen gegen Akne und Sonnenbrand. Die Wurzel wirkt als schleimlösendes Hustenmittel und enthält schmerzstillende und entzündungshemmende Substanzen, die vor allem bei Rheuma und Arthritis helfen. Schwangere und Menschen, die blutverdünnende Mittel nehmen, müssen alle hier empfohlenen Dosierungen halbieren. Der Saft der Stängel kann unangenehme allergische Reaktionen auslösen. Die selten gewordene Pflanze niemals in der freien Natur pflücken!

Anbau und Ernte

- Braucht leichten, gut entwässerten Boden und Sonne.
- Reife Samen im Sommer säen oder Pflanze im Spätherbst durch Teilung vermehren.
- Blüten im Spätfrühling ernten, frisch oder getrocknet verwenden; Wurzeln der 2-jährigen Pflanze im Herbst ausgraben und trocknen.

Pflanzentyp: Winterharte, mehrjährige Pflanze

Beschreibung: 25 cm hoch, 25 cm breit: goldgelbe Blüten, milchiger Duft

Heimat: Kühles Klima; Europa, Asien

Verwendete Pflanzenteile: Blüten, Blätter, Wurzel

Zubereitungen

Aufguss: 1 TL getrocknete oder 2 TL frische Schlüsselblumenblüten auf 1 Tasse kochend heißes Wasser. Standardmethode (S. 20). (Für doppelt starken Aufguss 2 TL getrocknete oder 4 TL frische Blüten.)

Tinktur: 200 g getrocknete oder 400 g frische Schlüsselblumenwurzel auf 1 l Wodka-Wasser-Mischung. Standardmethode (S. 20).

Legende und Tradition

- Der englische Herbalist Nicholas Culpeper empfahl im 17. Jahrhundert eine Schlüsselblume enthaltende Hautcreme als Schönheitsmittel.
- In Dänemark ist die Schlüsselblume ein Volksheilmittel gegen Krämpfe.

Für Geist und Seele

- 1 Tasse Schlüsselblumenaufguss (Rezept nebenstehend) beruhigt bei unbestimmten Ängsten.
- Zur Erlangung von Gelassenheit 2 Tropfen Blütenessenz (S. 34–35) in ein Glas Wasser geben und über den Tag verteilt trinken.

Für den Körper

- Zur Lösung festsitzendenden Hustens 3–4 × täglich 1 TL Schlüsselblumentinktur (Rezept nebenstehend) einnehmen.
- Zur Verjüngung der Gesichtshaut das Gesicht 2 × täglich mit abgekühltem, doppelt starkem Aufguss (Rezept nebenstehend) abtupfen.

Hauptwirkungen

Lindert Stress

Schleimlösend

Hauttonikum

215

Helmkraut *Scutellaria lateriflora*

Das Helmkraut ist in verschiedenen Arten auf der Welt verbreitet, in Nordamerika ist die Art S. *lateriflora* heimisch, in Europa das Sumpfhelmkraut S. *galericiulata*. Alle Scutellariaarten verfügen über Wirkstoffe, die zur Behandlung von Nervosität, Schlaflosigkeit und Depression, zur Anregung des Kreislaufs und gegen Muskelkrämpfe genutzt werden, doch ist der Wirkstoffgehalt der amerikanischen Varietät am höchsten. Schwangere müssen alle Helmkrautarten meiden.

Pflanzentyp: Winterharte, mehrjährige Pflanze

Beschreibung: 60 cm hoch, 60 cm breit: blaue Lippenblüten

Heimat: Kühle Klimazonen; Europa, Nordamerika

Verwendete Pflanzenteile: Blüten, Blätter, Wurzeln

Anbau und Ernte

- Wächst an kühlem, feuchtem Standort im Halbschatten.
- Samen im späten Frühjahr direkt ins Beet säen oder durch Wurzelableger oder Teilung im Frühjahr vermehren.
- Blätter oder Triebspitzen mit Blüten im Sommer ernten, frisch verwenden oder Tinktur herstellen.

Legende und Tradition

- Die Cherokee rauchten getrocknete Helmkrautblätter, um Trancezustände auszulösen, die Irokesen nutzten den Wurzelaufguss für eine klare Sprechstimme.

Für Geist und Seele

- Bei nervöser Anspannung, Depression oder Schlaflosigkeit 3 × täglich eine Mischung aus je ½ Tasse Helmkraut (Rezept nebenstehend) und ½ Tasse Melissenaufguss (S. 206) trinken.
- Zur Auslösung visionärer Träume 1 TL getrocknete Helmkrautblätter bei der Meditation vor dem Zubettgehen in einem Räuchergefäß verbrennen.

Für den Körper

- Um Entzugssymptome bei Entwöhnung von Alkohol oder Drogen zu lindern, 3 × täglich 1 mit pulverisierten, getrockneten Helmkraut gefüllte Kapsel (S. 21) einnehmen.
- Zur Linderung rheumatischer oder neuralgischer Schmerzen 3 × täglich 1 TL Tinktur (Rezept nebenstehend) einnehmen.

Hauptwirkungen

Nervenberuhigend

Entzugserleichternd

Schmerzlindernd

Zubereitungen

Aufguss: 2 TL frische Helmkraut-Triebspitzen mit Blüten auf 1 Tasse kochend heißes Wasser. Standardmethode (S. 20).

Tinktur: 400 g frische Helmkraut-Triebspitzen mit Blüten auf 1 l Wodka-Wasser-Mischung. Standardmethode (S. 20).

Linde *Tilia* species

Lindenbäume haben angenehm duftende Blüten. Es sind diese Blüten, aus denen man einen Aufguss zubereitet, der bei Erkältungskrankheiten und Husten, zur Einleitung einer Schwitzkur, als Verdauungstee, als Mittel gegen nervösen Stress und Schlaflosigkeit sowie zur Beruhigung überängstlicher Kinder verwendet wird und der auch Giftstoffe aus dem Körper ausspült, Kopfschmerz lindert und zu hohen Blutdruck senkt. Äußerlich kann man den Aufguss als Gesichtswasser gegen Flecken und Falten nutzen oder ins Badewasser geben um Rheumaschmerzen zu lindern.

Anbau und Ernte
- Linden brauchen lehmigen Boden und Sonne.
- Neue Bäume aus ganz frischen Samen ziehen – die Keimung kann bis 18 Monate dauern.
- Die Blütenstände samt den Hochblättern im Hochsommer ernten und an warmem, trockenem Ort trocknen, nicht länger als 9 Monate aufbewahren. Überlagerte Blüten können zu leichten Vergiftungen führen.

Pflanzentyp: Winterharter Laubbaum

Beschreibung: 40 m hoch, 25 m breit; kleine, duftende Blüten

Heimat: Kühles Klima; Europa

Verwendete Pflanzenteile: Blüten, Holzkohle aus der Rinde

Zubereitungen

Aufguss: 1 TL getrocknete oder 2 TL frische Lindenblüten auf 1 Tasse kochend heißes Wasser. Standardmethode (S. 20).

Tinktur: 200 g getrocknete oder 400 g frische Lindenblüten auf 1 l Wodka-Wasser-Mischung. Standardmethode (S. 20).

Legende und Tradition

- Der griechische Mythos berichtet, Kronos habe Philyra in Gestalt eines Hengstes geschwängert. Sie gebar den Kentaur Cheiron, den zu säugen ihr so schrecklich war, dass sie um Verwandlung bat: Die Götter verwandelten sie in einen Lindenbaum.

Für Geist und Seele

- Gegen nervöse Erregbarkeit 3 × täglich 1 Tasse Lindenblütenaufguss (Rezept nebenstehend) trinken.
- Zur Beruhigung hyperaktiver Kinder dem abendlichen Badewasser 2 l Lindenblütenaufguss (Rezept nebenstehend) zusetzen.

Für den Körper

- 3–4 × täglich 1 TL Lindenblütentinktur (Rezept nebenstehend) hilft bei Erkältung und damit verbundenem Husten.
- Bei juckender Haut betroffene Partien mit Lindenblüten-Ölauszug (S. 23) einreiben.

Hauptwirkungen

Nervenberuhigend

Schleimlösend

Blutdrucksenkend

Gemeiner Baldrian *Valeriana officinalis*

Baldrian ist das in Europa am häufigsten verwendete Beruhigungsmittel. Die geschälte, getrocknete Wurzel wirkt bei nervöser Unruhe, wird auch gegen Muskel- und Magen-Darm-Krämpfe eingesetzt und äußerlich bei Wunden, Geschwüren und Ekzemen verwendet. Baldrian innerlich nicht länger als 6 Wochen am Stück anwenden. 2 Wochen Pause einlegen, ehe man die Einnahme fortsetzt.

Pflanzentyp: Winterharte, mehrjährige Pflanze

Beschreibung: 1 m hoch, 60 cm breit; blassrosa Blüten

Heimat: Kühle Klimazonen; Europa, Asien

Verwendete Pflanzenteile: Wurzel, ätherisches Öl (der Wurzel)

Anbau und Ernte
- Braucht lehmige Böden im Halbschatten.
- Durch Samen oder Teilung der Wurzelballen im Frühjahr vermehren.
- Die Rhizome der 2-jährigen Pflanze im Spätherbst ausgraben, frisch oder getrocknet verwenden.

Legende und Tradition
- In beiden Weltkriegen wurde Baldrian an allen Fronten von den Soldaten als Beruhigungsmittel genutzt.

Die dunkelgrünen, fiederschnittigen Blätter verströmen einen an Meerrettich erinnernden Geruch.

Hauptwirkungen

Beruhigend

Blutdrucksenkend

Hilft bei PMS

Für Geist und Seele

- Zur Beruhigung der Nerven bis zu 3 × täglich 1 Tasse Aufguss (Rezept nebenstehend) trinken. (Nicht länger als 6 Wochen.)

Für den Körper

- Zur Senkung zu hohen Blutdrucks bis zu 3 × täglich ½–1 TL Baldrianwein (Rezept nebenstehend) einnehmen.
- Zur Linderung nervöser Symptome des prämenstruellen Syndroms (PMS) 3 × täglich bis zu 3 mit pulverisierter Baldrianwurzel gefüllte Kapseln (S. 21) einnehmen.
- Um einen Splitter ziehen zu können, eine mit doppelt starkem Kaltaufguss getränkte Kompresse auf die Hautstelle auflegen.

Zubereitungen

Aufguss: 1 TL frische Baldrianwurzel zerdrücken und 12–24 Stunden in kaltem Wasser ziehen lassen, abseihen und trinken. (Für doppelt starken Aufguss 2 TL Wurzel verwenden.)

Kräuterwein: 50 g frische Baldrianwurzel waschen und 2 Stunden trocknen lassen. Dann zerdrücken und für 1 Monat in 1 Tasse trockenen Wein einlegen.

221

8. KAPITEL

Aphrodisiaka

Dieses Kapitel stellt Kräuter vor, die in ihrer Wirkung auf Gehirn, Geist und Körper die Lustzentren anregen und so die Freude an Intimität und Romantik beleben oder verstärken. Einige der hier präsentierten Kräuter habe ich gewählt, weil sie in Geschichte und Legende eine Rolle als Liebessymbole spielten. Die Myrte beispielsweise war im alten Griechenland der Liebesgöttin Aphrodite geweiht, die Orangenblüte galt bei vielen Völkern des Südens als eine Reinheit symbolisierende Brautblume und die Rose ist das Symbol der romantischen Liebe schlechthin. Die Kräuter bestätigen diese Assoziationen insofern, als sie beruhigend wirken, somit das Vertrauen stärken und Hemmungen abbauen.

Vor allem Düfte wecken romantische Gefühle. Jasmin, Henna und die Madonnenlilie verströmen betörende Düfte, die erotische Fantasien wecken. Gewürze wie Vanille und Koriander sind warm

und stimulierend. Sie regen die Durchblutung an und sind folglich die unverzichtbaren Zutaten zu einem verlockenden Liebesmahl.

Erdige Gerüche wie die der Vetiverwurzel, der Patschuli-pflanze und des Safrans ver-locken zu inniger Verbindung mit dem geliebten Menschen, während das reine sexuelle Ver-langen durch Kräuter geweckt wird, die einen Moschusge-ruch verbreiten, wie etwa die Schwarze Johannisbeere.

Für sich allein kann deren Odeur eher abstoßend wir-ken, doch gemischt mit zarten Wohlgerüchen entfaltet es seine ganze Wirksamkeit. Kräuter wie Damiana und Ashwagandha schließlich helfen, die Libido wieder aufleben zu lassen, und stärken die Potenz.

Verwenden Sie die Kräuter, um verlockende Raumsprays, Massageöle oder Liebestränke herzustellen, und genießen Sie die sich daraus ergebenden Erlebnisse.

Bitterorange *Citrus aurantium*

Die weißen Blüten der Bitterorange (Pomeranze) verströmen einen süßen, klaren Duft und werden in vielen südländischen Kulturen mit Romantik und Hochzeit in Verbindung gebracht, denn ihrer Farbe wegen stehen sie für Reinheit und Keuschheit. Das ätherische Öl der Orangenblüte (nach der italienischen Prinzessin Nerola, die mit dem Öl ihre Handschuhe parfümierte, Neroliöl genannt) wird von der Parfümindustrie genutzt. Vermischt mit einem Trägeröl (S. 27), verjüngt Neroliöl reife Hautzellen.

Pflanzentyp: Immergrüner Baum

Beschreibung: 6 m hoch, 6 m breit; duftende weiße Blüten

Heimat: Tropische Grasländer, SO-Asien

Verwendete Pflanzenteile: Blüten

Anbau und Ernte

- Mag gut entwässerte, fruchtbare Böden und Sonne.
- Reife Samen das ganze Jahr über im Gewächshaus säen oder durch Kopfstecklinge in 20–25 °C warmen Boden vermehren.
- Blüten ernten, sobald sie sich öffnen, frisch oder getrocknet verwenden.

Legende und Tradition

- Pomeranzenblüten im Brautstrauß galten in England einst als Zeichen der Jungfräulichkeit.
- In der Aromatherapie gilt Neroliöl traditionell als Mittel gegen Unruhe, zur Anregung des Kreislaufs und zur Linderung von Besenreisern und Schwangerschaftsstreifen.

Für Geist und Seele

- 1 Tasse Pomeranzenblütenaufguss (Rezept nebenstehend) vor einer romantischen Begegnung genossen, mildert nervöse Anspannung.

Für den Körper

- Zur Regenerierung und Verjüngung von Hautzellen oder Reduzierung von Schwangerschaftsstreifen und Besenreisern die betroffenen Stellen 2 × täglich mit Neroliölmischung (Rezept nebenstehend) einreiben.
- 3 × täglich 1 TL Tinktur aus unreifer Pomeranzenschale (aus dem Handel) einnehmen und den Körper mit 1 Tropfen Neroliöl auf 1 TL Mandelöl massieren, regt den Stoffwechsel an.

Hauptwirkungen

Stärkt Selbstvertrauen

Verjüngt die Haut

Regt Stoffwechsel an

Zubereitungen

Aufguss: 1–2 TL getrocknete oder frische Bitterorangenblüten auf 1 Tasse kochend heißes Wasser. Standardmethode (S. 20).

Neroliölmischung: 4 TL Jojobaöl mit folgenden ätherischen Ölen mischen: 3 Tropfen Neroli-, 4 Tropfen Rosen-, 3 Tropfen Weihrauchöl.

225

Koriander *Coriandrum sativum*

Die würzig-aromatisch duftenden reifen, getrockneten Korianderfrüchte waren in Indien eine beliebte Zutat zu Liebestränken, sollten sie doch Kreislauf und Libido anregen. Die Früchte fördern die Produktion von Magensaft (deshalb zum Würzen verwendet) und haben eine ganz leicht narkotische Wirkung. Die eher unangenehm nach Wanzen riechenden frischen Blätter (Cilantro) sind nicht nur Würzkraut, sie stärken auch das Gedächtnis und das Nervensystem und lindern Hautirritationen.

Pflanzentyp: Einjähriger Doldenblütler

Beschreibung: 45 cm hoch, 30 cm breit; winzige weiße Blüten

Heimat: Warmes Klima; Westasien, Nordafrika

Verwendete Pflanzenteile: Blätter, Samen, ätherisches Öl (der Samen)

Anbau und Ernte
- An sonnigem Standort nach dem letzten Frost Samen in warme Erde säen; für üppiges Blattwachstum Halbschatten.
- Blätter ganzjährig ernten und frisch verwenden; Früchte im Spätsommer sammeln und trocknen.

Legende und Tradition
- In der TCM gilt Koriander als Kraut

der Langlebigkeit, in der ayurvedischen Medizin als verdauungsförderndes und entgiftendes Mittel, das auch Allergene bekämpft.

- Römische Legionäre verbreiteten den Koriander, mit dem sie ihr Brot würzten, in ganz Europa. Eine Mischung aus Koriander, Kreuzkümmel und Essig diente ihnen zur Konservierung von Fleisch.

Für Geist und Seele

- Ein Gläschen Gewürzwein (Rezept nebenstehend) zum Abschluss eines Liebesmahls intensiviert die Zuneigung zwischen den Partnern.
- Die Leintücher mit einer Mischung aus 3 Tropfen ätherischem Korianderöl und 2 EL Rosenwasser besprühen, verbreitet einen romantischen Duft im Schlafzimmer.

Für den Körper

- Mit ½ Tasse kalter Koriander-Abkochung (Rezept nebenstehend) gurgeln, verleiht frischen Atem.
- Eine Paste aus 1 TL Korianderpulver und ein paar Tropfen Olivenöl hilft gegen Geschwüre der Haut und Mundschleimhaut.

Hauptwirkungen

Stimulierend

Atemreinigend

Verdauungsfördernd

Zubereitungen

Gewürzwein: 1 l Rotwein mit 1 Tasse Honig aufkochen. Vom Herd nehmen und je 1 TL Koriander, Ingwer, Zimt, Kardamom, weißen Pfeffer, Muskatnuss, Kümmel und 1 Tasse Rosenblütenblätter zugeben. 24 Stunden ziehen lassen, abgießen, 6 Wochen reifen lassen.

Abkochung: 1 TL Samen in 1½ Tassen Wasser 5–10 Minuten kochen, abseihen.

Safran *Crocus sativus*

Die aus jeder violetten Krokusblüte ragenden, in drei lange Äste geteilten, ziegelroten Griffel sind das Safran genannte Gewürz, das Gerichten eine intensiv gelbe Farbe verleiht. Die Araber pflegten Safran mit Henna zu mischen und damit das Gesicht junger Bräute zu bemalen, um sie sexuell attraktiv zu machen. Kräuterkundige verwenden Safran zum Senken von Fieber, gegen Krämpfe, bei vergrößerter Leber und zur Nervenberuhigung. Auch beschleunigt Safran die Heilung von Prellungen und lindert Rheuma- und Nervenschmerzen.

Pflanzentyp: Herbst-blühende Knollenpflanze

Beschreibung: 15 cm hoch, 8 cm breit; violette Einzelblüten

Heimat: Warmes Klima; Kleinasien

Verwendete Pflanzenteile: Narbenschenkel (Griffel)

Anbau und Ernte

- Der Safran braucht gut entwässerte, lehmige Böden und Sonne.
- Vermehrung durch Knollenteilung; im Sommer 12 cm tief einpflanzen.
- Die Narbenschenkel ernten, wenn sich die Blüten im Herbst öffnen, und auf Löschpapier in einem Schrank trocknen.

Legende und Tradition

- In Griechenland glaubte man, eine junge Frau, die eine Woche lang Safran aß, könne einem potenziellen Liebhaber nicht widerstehen.
- Dem Ayurveda zufolge fördert Safran die sexuelle Potenz, die Menstruation, den Kreislauf und die allgemeine Energie.

Für Geist und Seele

- Um morgens in Schwung zu kommen oder sich nach einem ermüdenden Tag wiederzubeleben 1 Tasse *Qahwa* trinken.
- 3 x täglich 1 Tasse mit Milch zubereiteten Aufguss (Rezept nebenstehend) trinken, hilft gegen nervöse Anspannung, Schlaflosigkeit und depressive Verstimmung.

Für den Körper

- Zur Stärkung der männlichen Potenz täglich 1 Tasse mit Wasser zubereiteten Aufguss (Rezept nebenstehend) schluckweise trinken.
- 1 Tasse *Qahwa* (Rezept nebenstehend) nach der Mahlzeit getrunken verbessert die Verdauung.

Hauptwirkungen

Libidosteigernd

Nervenstärkend

Verdauungsfördernd

Zubereitungen

Qahwa: ½ TL grünen Tee mit 2 Tassen Wasser aufbrühen, 3 Safranfäden, 1 zerdrückte Kardamomkapsel, 1 Msp. Zimtpulver und 2½ TL Mandelblättchen zugeben, süßen und trinken.

Aufguss: 12 Safranfäden 7 Minuten in 1 Tasse kochend heißer Milch (respektive Wasser) ziehen lassen, abseihen und trinken.

Echter Jasmin *Jasminum officinale*

Der Laubstrauch mit den intensiv duftenden weißen Blüten wird gern in Höfen, auf Veranden und auch als Zimmerpflanze gezogen. Der aphrodisierend wirkende Duftstoff der Blüten wird von der Parfümindustrie gern genutzt. Er steigert das sexuelle Verlangen, regt bei Männern die Spermaproduktion an und spiritualisiert und intensiviert sexuelle Beziehungen. Das besonders stark duftende ätherische Öl der Blüten verwendet man nur in kleinsten Dosen.

Pflanzentyp: Kletternder immergrüner Strauch

Beschreibung: bis 10 m lang; stark duftende weiße Blüten

Heimat: Tropisches Klima; Asien

Verwendete Pflanzenteile: Blüten, Blätter, Wurzel, ätherisches Öl (der Blüten)

Anbau und Ernte

- Braucht gut entwässerte, lehmige Böden, viel Licht und Luftfeuchtigkeit, erträgt Schatten an warmem Standort.
- Im Frühjahr oder Sommer durch halbverholzte Stecklinge bei Bodentemperatur von 20–25 °C vermehren.
- Sommerblüten vor Sonnenaufgang pflücken. Frisch oder getrocknet verwenden.

Legende und Tradition

- Im Ayurveda gilt Jasmin als Mittel gegen Fieber und zur Stärkung des Immunsystems.
- Überall in Asien sind Jasminblüten wichtiger Bestandteil religiöser Zeremonien; sie werden auch als duftender Haarschmuck verwendet.

Für Geist und Seele

- Eine gegenseitige Partnermassage mit Jasminblüten-Ölauszug (S. 23) schafft eine Atmosphäre besonderer Intimität und verleiht beiden Partnern beruhigende Sicherheit.

Für den Körper

- Zur Verjüngung der Haut täglich Hautgel mit Jasmin (Rezept nebenstehend) auftragen.
- Eine mit Jasminblütenaufguss (Rezept nebenstehend) getränkte Kompresse (S. 23) auf die betroffenen Stellen gelegt, lindert rheumatische Schmerzen und Muskelkater.
- Um langem Haar den betörenden Jasminduft zu verleihen, frische Jasminblüten ins Haar stecken und 3 Stunden darin lassen.

Hauptwirkungen

Libidofördernd

Stresssenkend

Schmerzlindern

Zubereitungen

Hautgel: 2 Tropfen ätherisches Jasminöl in 2 EL Aloe-Vera-Gel rühren. In kleinem Tiegel im Kühlschrank bis zu 1 Monat aufbewahren.

Aufguss: 1 TL getrocknete oder 2 TL frische Jasminblüten auf 1 Tasse kochend heißes Wasser. Standardmethode (S. 20).

Hennastrauch *Lawsonia inermis*

Vor ihrem ersten Treffen mit Marc Anton ließ Kleopatra die Segel ihrer Barke mit Cyprinum besprühen, einem betörenden Parfüm aus Hennablütenöl. Die Blätter des Strauchs liefern die berühmte Farbe, mit der man Haut, Nägel und Haare zu färben pflegt. Kräuterkundige nutzen sie gegen Fieber, Kopfschmerz und Hautirritationen.

Anbau und Ernte
- Wächst in gut entwässerter Erde in der Sonne.
- In den Tropen reife Samen im Herbst ins Freie säen, ansonsten im Frühjahr im Gewächshaus.
- Blüten im Frühsommer pflücken und frisch verwenden, Blätter vor der Blüte und frisch oder getrocknet verwenden.

Legende und Tradition
- Die alten Nubier trugen Hennablätter als eine Art »Deo« unter den Achselhöhlen, die Römer nutzten sie gegen Schweißfüße.

Pflanzentyp: Immergrüner Strauch

Beschreibung: 6 m hoch, 6 m breit; duftende cremefarbene Blüten

Heimat: Tropisches Grasland; Nordafrika

Verwendete Pflanzenteile: Blüten, Blätter, Wurzel, Rinde, Früchte, ätherisches Öl (der Blüten)

Hennapulver wird bei indischen Hochzeitszeremonien zum Färben der Haut verwendet.

Für Geist und Seele

- Um einen Raum für ein romantisches Treffen in Duft zu hüllen, 4 Tropfen ätherisches Hennaöl mit 4 TL Wasser vermischen und mit dem Zerstäuber im Raum versprühen.
- Um tiefen Schlaf zu fördern, 1 TL Tinktur (Rezept nebenstehend) einnehmen.

Für den Körper

- 2 × täglich mit Ölauszug aus Hennablüten (S. 23) massieren, lindert Muskelschmerz.
- Bis zu 3 × täglich 1 Tasse Aufguss (Rezept nebenstehend) aus Hennablättern trinken, hilft Fieber zu senken.

Zubereitungen

Tinktur: 200 g getrocknete oder 400 g frische Hennastrauchblätter auf 1 l Wodka-Wasser-Mischung. Standardmethode (S. 20).

Aufguss: 1 TL getrocknete oder 2 TL frische Hennastrauchblätter auf 1 Tasse kochend heißes Wasser. Standardmethode (S. 20).

Madonnenlilie *Lilium candidum*

In der christlichen Tradition symbolisiert die Madonnenlilie Keuschheit und Unschuld, in den östlichen Religionen steht sie für Fruchtbarkeit und im europäischen Mittelalter schrieb man ihr die magische Kraft zu, einen Liebhaber zu locken. Die Zwiebeln wurden einst gekocht als Gemüse verzehrt, doch enthalten sie auch schmerzlindernde Schleimstoffe, die man sich in Salben zunutze macht, die man gegen Brandwunden, Prellungen und Akne einsetzt. Aus den Blüten gewinnt man Parfüm.

Pflanzentyp: Mehrjähriges Zwiebelgewächs

Beschreibung: 1,5 m hoch, 45 cm breit; duftende weiße Blüten

Heimat: Warmes Klima; Westasien

Verwendete Pflanzenteile: Blüten, Zwiebel, ätherisches Öl (der Blüten)

Anbau und Ernte
- Braucht gut entwässerte, fruchtbare Erde und Sonne.
- Die Zwiebeln im Spätsommer 2,5 cm tief in die Erde setzen.
- Die Blüten im Sommer ernten und frisch verwenden oder einfrieren. Zwiebeln im Spätsommer ausgraben, frisch verwenden oder trocknen.

Legende und Tradition

- Nach einem griechischen Mythos entstand die Lilie, als Milch der Göttin Hera auf den Boden tropfte, während sie den Herakles säugte.
- Frauen im alten Persien pflegten ihre Haut mit dem Öl der Pflanze.

Für Geist und Seele

- 2 Tropfen Blütenessenz (S. 34–35) der Madonnenlinie in ein Glas Wasser gegeben und über den Tag verteilt getrunken, hilft Hemmungen innerhalb einer Beziehung abzubauen.

Für den Körper

- Madonnenlilien-Hautcreme (Rezept nebenstehend) 2 × täglich angewendet, verleiht der Haut Feuchtigkeit und glättet Falten.
- Betroffene Hautpartien 2 × täglich mit Tinktur (Rezept nebenstehend) betupfen, lindert Besenreiser und heilt Prellungen.
- Gegen Hautgeschwüre, Furunkel und Akne 2–3 × täglich eine Zwiebel der Madonnenlilie zerdrücken und als Breiumschlag (S. 23) auf die betroffene Stelle legen.

Hauptwirkungen

Intimitätsfördernd

Verjüngt die Haut

Entzündungshemmend

Zubereitungen

Hautcreme: Den Saft einer Madonnenlilienzwiebel mit 1 EL Honig und 30 g Bienenwachs im Wasserbad erwärmen und schmelzen. 3–4 EL Rosenaufguss (S. 243) einrühren. In einem Tiegel aufbewahren.

Tinktur: 400 g frische Madonnenlilienblüten auf 1 l Wodka-Wasser-Mischung. Standardmethode (S. 20).

235

Echte Myrte *Myrtus communis*

Die weißen, nach Orange duftenden Blüten der mit der griechischen Liebesgöttin Aphrodite assoziierten Myrte sind ein Symbol der Keuschheit und als solche oft Bestandteil von Brautkränzen. Aus den in Alkohol eingelegten Knospen gewinnt man Eau d'Ange (Engelswasser), das zusammen mit den antiseptisch wirkenden Blättern in Cremes gegen Akne verwendet wird. Die getrockneten Blüten und Blätter gibt man gern in insektenabweisende Potpourris.

Anbau und Ernte

- Braucht gut entwässerte Böden und Sonne.
- Samen 24 Stunden in warmem Wasser einweichen, dann im Gewächshaus säen oder im Spätsommer durch Stecklinge vermehren. Vor Frost und kaltem Wind schützen.
- Blätter ganzjährig, Knospen und Blüten im Sommer ernten, frisch oder getrocknet verwenden.

Legende und Tradition

- Ayurvedische Mediziner verwenden Myrte zur Behandlung von Epilepsie.

Pflanzentyp: Frostempfindlicher immergrüner Strauch

Beschreibung: 5 m hoch, 3 m breit; duftende weiße Blüten

Heimat: Warmes Klima; Südeuropa

Verwendete Pflanzenteile: Blüten, Blätter, Früchte, ätherisches Öl (der Blätter und Blüten)

Zubereitungen

Tinktur: 200 g getrocknete oder 400 g frische Myrtenblüten auf 1 l Wodka-Wasser-Mischung. Standardmethode (S. 20).

Abkochung: 30 g getrocknete oder 60 g frische Myrtenblüten auf 750 ml Wasser. Standardmethode (S. 20).

- Französinnen pflegten Myrten-
  tee zu trinken, um die Alterung
  zu verzögern.

Für Geist und Seele
- Den Körper mit Ölauszug
  (S. 23) aus Myrtenblättern massieren, steigert das Selbstwertge-
  fühl und fördert gute Beziehungen.

Für den Körper
- Zur Erfrischung der Haut das Gesicht
  2 × täglich mit einer Mischung aus 1 TL Tinktur und 2 EL Abkochung (beide Rezepte
  nebenstehend) betupfen.
- Gegen Bronchialkatarrh und Nebenhöhlenentzündung bis zu 3 × täglich 1 Tasse Abkochung trinken.

Besonderer Tipp
Ein paar zuvor in Wasser eingeweichte Myrten-
blätter und junge Zweige beim Grillen unter das
Fleisch gelegt, verleiht dem Fleisch einen süß-
rauchigen Geschmack.

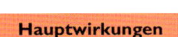

Hauptwirkungen

Entspannend

Hautreinigend

Schleimlösend

Patschulipflanze *Pogostemon cablin*

Dass sie als Aphrodisiakum gilt, verdankt die Pflanze dem erdigen Moschusduft ihrer Blätter. In Südostasien verwendet man sie oft zur Bereitung von Liebestränken, aber auch gegen Schlangenbiss. Der Volksmedizin gilt der Duft als stressmindernd, auch vertreibt er Insekten. Blätter und Stängel enthalten antiseptische, stimulierende und antidepressive Wirkstoffe. Das ätherische Öl regeneriert Hautzellen; es hilft bei rissiger Haut und als Haarspülung gegen fettes Haar und Schuppen.

Pflanzentyp:
Mehrjährige Pflanze

Beschreibung: 1 m hoch, 1 m breit; kleine weiße Blüten

Heimat: Tropischer Regenwald; SO-Asien

Verwendete Pflanzenteile: Blätter, Stängel, ätherisches Öl (der Blätter)

Anbau und Ernte

- Braucht fruchtbare, feuchte, doch gut entwässerte Erde und Sonne oder Halbschatten.
- Die winzigen Samen im Frühjahr aussäen oder im Spätfrühling durch Stecklinge oder im Herbst durch Wurzelteilung vermehren.
- Blätter während des Sommers ernten, frisch oder getrocknet verwenden.

Legende und Tradition

- Im 18. und 19. Jahrhundert legten chinesische Seidenhändler Patschuliblätter zwischen die Seidenstoffe, die sie nach Europa brachten, um sie vor Motten zu schützen. So wurde der Patschuliduft zum Indikator, dass es sich um echte chinesische Seide handelte.

Für Geist und Seele

- Gegenseitige Massage mit einigen Tropfen Massageöl (Rezept nebenstehend) mit Patschuli festigt die sinnliche Beziehung mit dem Partner.
- Ein 20-minütiges warmes Wannenbad, in das man 1 l Aufguss (Rezept nebenstehend) gegeben hat, wirkt entspannend bei nervöser Erschöpfung.

Für den Körper

- Gegen Falten das Gesicht 2 × täglich mit einer Mischung aus 2 Tropfen ätherischem Jasminöl und 3 TL Ölauszug (S. 23) von Patschuliblättern abtupfen.
- 1 zerkautes Patschuliblatt auf einen Insektenstich appliziert, lindert den Juckreiz.

Hauptwirkungen

Libidostimulierend

Nervenberuhigend

Hautfreundlich

Zubereitungen

Massageöl: 4 TL Ölauszug (S. 23) von Rosenblütenblättern mit 2 Tropfen ätherischem Patschuliöl und 5 Tropfen ätherischem Orangenöl mischen.

Aufguss: 1 TL getrocknete oder 2 TL frische Patschuliblätter auf 1 Tasse kochend heißes Wasser. Standardmethode (S. 20).

Schwarze Johannisbeere *Ribes nigrum*

Nicht nur Tierdrüsen produzieren Moschusduft, dem eine erogene Wirkung zugesprochen wird, sondern auch Pflanzen wie die Schwarze Johannisbeere, deren Blütenknospen den begehrten Duftstoff liefern. Die reifen Beeren enthalten mehr Vitamin C als Orangen, die Samen Gamma-Linolensäure, die den weiblichen Hormonhaushalt ausgleichen kann, und die Blätter Wirkstoffe, die den Körper entgiften. Französische Chemiker stellten fest, dass der Aufguss aus den Blättern die Leber anregt, Gifte abzubauen.

Pflanzentyp: Mehrjähriger Strauch

Beschreibung: 2 m hoch, 2 m breit; grüngebliche Blüten

Heimat: Kühles Klima; Nordeuropa

Verwendete Pflanzenteile: Blätter, Knospen, Früchte, ätherisches Öl (der Knospen)

Anbau und Ernte

- Braucht feuchte, doch gut entwässerte, lehmige Böden und Sonne.
- Samen im Herbst im Gewächshaus säen oder im Sommer durch Stecklinge vermehren.
- Blätter und Blütenknospen im Frühjahr ernten und frisch oder getrocknet verwenden, die reifen Früchte im Spätsommer ernten und frisch verwenden.

Legende und Tradition

- Der französische Geistliche und Arzt Abbé Bailly hielt den Moschusduft der Schwarzen Johannisbeere für so verführerisch, dass er die Blätter nie ohne Warnung verschrieb.

Für Geist und Seele

- Jeden Morgen 1 Tasse Aufguss (Rezept nebenstehend) trinken, hält das Gehirn jung und stärkt die emotionale Sensibilität.

Für den Körper

- Zur Entgiftung der Hautzellen und zur Anregung von Leber, Nieren und Blase nach Bedarf 3–4 x täglich 1 Tasse Blattaufguss (Rezept nebenstehend) trinken.
- Kindern, die eine Erkältung oder Halsweh haben 3 x täglich bis zum Abklingen der Symptome 1 TL Sirup (Rezept nebenstehend) in 1 Tasse warmem Wasser geben.
- Gegen den Juckreiz von Mückenstichen und zum Verscheuchen von Mücken die Haut mit einer Handvoll frischen Blättern abreiben.

Hauptwirkungen

Erhöht Sensitivität

Entgiftet Zellen

Gegen Erkältung

Zubereitungen

Aufguss: 1 EL getrocknete oder 2 EL frische Schwarze Johannisbeerblätter auf 1 Tasse kochend heißes Wasser. 10 Minuten ziehen lassen, abgießen und trinken.

Sirup: ½ Tasse frische Schwarze Johannisbeeren entsaften und mit ½ Tasse Steviasirup (S. 124) vermischen. Im Kühlschrank bis zu 1 Woche aufbewahren. (Steviasirups nach Geschmack zugeben.)

Essigrose *Rosa officinalis*

Als ein universales Symbol der Liebe entlockt die Rose mit ihrem romantischen Duft jedem ein Lächeln. Es gibt Hunderte von Rosenarten, doch R. gallica »officinalis«, auch Apothekerrose genannt, ist die Art, die man im Mittelalter in den Klostergärten als Heilpflanze zog. Die Hagebutten enthalten das immunstärkende Vitamin C, die Blätter wirken abführend und das ätherische Öl hebt die Stimmung und wirkt ebenso wie Rosenwasser verjüngend und belebend auf die Haut.

Pflanzentyp:
Winterharter Strauch

Beschreibung: 1,5 m hoch, 1,5 m breit; halbgefüllte, tiefrosa Blüten

Heimat: Gemäßigtes Klima; Südeuropa

Verwendete Pflanzenteile: Blüten, Blätter, Hagebutten, ätherisches Öl (der Blüten)

Anbau und Ernte

- Braucht tiefe, nährstoffreiche, gut entwässerte Böden und nach dem ersten Jahr Sonne.
- Vermehrung im Sommer durch Stecklinge, die man im Windschatten pflanzen muss.
- Die voll erblühten Blüten im Sommer ernten, frisch oder getrocknet verwenden.

Legende und Tradition

• Im alten Rom parfümierte man den Wein mit Rosenblütenblättern und bestreute damit auch das Bett der Neuvermählten.

Für Geist und Seele

• Um die Zärtlichkeit eines Liebsten neu anzufachen, die Kopfkissenbezüge mit Rosenblüten parfümieren (Anleitung nebenstehend).
• Ein 20-minütiges Bad mit 2 Tropfen ätherischem Rosenöl lindert Niedergeschlagenheit, Trauer und Schlaflosigkeit.

Für den Körper

• Zur Verjüngung reifer Haut sowie zur Minderung von Besenreisern in eine neutrale Hautcreme 2 Tropfen ätherisches Rosenöl einrühren und 2 × täglich anwenden.
• Zur Erfrischung müder Haut das Gesicht 2 × täglich mit Rosenwasser betupfen.
• 3 × täglich 1 Tasse Aufguss (Rezept nebenstehend) trinken, lindert die Symptome einer Erkältung, die mit Fieber und Halsschmerzen einhergeht.

Hauptwirkungen

Romantische Gefühle

Hauttonikum

Entzündungshemmend

Zubereitungen

Duftkopfkissen: Einen Kopfkissenbezug zur Hälfte mit Rosenblütenblättern füllen, locker zusammenlegen und 2–3 Tage an dunklem Ort liegen lassen. Blütenblätter ausschütteln und Kopfkissen beziehen.

Aufguss: 1 TL getrocknete oder 2 TL Rosenblütenblätter auf 1 Tasse kochend heißes Wasser. 5 Minuten ziehen lassen, abgießen und trinken.

Damiana *Turnera aphrodisiaca*

Im 17. Jahrhundert berichtete ein spanischer Missionar, dass die Ureinwohner Mexikos einen Tee aus Damianablättern zur Steigerung der sexuellen Leistungsfähigkeit zu sich nehmen. Der Pflanze werden aber noch mehr gute Eigenschaften zugeschrieben. Sie gilt als stressmindernd, appetitanregend und harntreibend, sie soll den Kreislauf und insgesamt die körperliche Energie anregen, gegen Niedergeschlagenheit wirken, die Verdauung fördern und auch bei Regelstörungen gute Dienste tun.

Pflanzentyp: Laubwerfender Strauch

Beschreibung: 2 m hoch, 1,5 m breit, kleine orangegelbe Blüten

Heimat: Tropischer Regenwald; Mittelamerika

Verwendete Pflanzenteile: Blätter, blühende Triebspitzen

Anbau und Ernte
- Braucht trockene Böden und einen geschützten Standort in der Sonne.
- Samen im Frühjahr aussäen oder Pflanze im Sommer durch Stecklinge vermehren; im ersten Jahr im Gewächshaus halten, immer vor Frost schützen.
- Blätter während der Blüte pflücken, frisch oder getrocknet verwenden.

Legende und Tradition

- Im *National Formulary*, dem offiziellen Arznei-
buch der USA, wird die Pflanze als Aphrodisiakum und Abführmittel geführt.
- In der Homöopathie ist Damiana auch in
Europa als Mittel bei Libidoverlust gebräuchlich.

Für Geist und Seele

- 2–3 x täglich 1 Tasse Aufguss (Rezept nebenstehend) hilft bei Stress, Depression und
unbestimmten Ängsten.

Für den Körper

- Zur Stärkung der sexuellen Potenz von
Männern ebenso wie von Frauen nach Bedarf
1 Tasse Damianaaufguss (Rezept nebenstehend) zu sich nehmen.
- Bei nervösen Verdauungsbeschwerden nach
Bedarf bis zu 3 x täglich 2–3 mit pulverisierten Damianablättern gefüllte Kapseln (S. 21)
einnehmen.
- Zur Stimulierung aller Körpersysteme 3 x täglich 1 TL Damianatinktur (Rezept nebenstehend) einnehmen.

Hauptwirkungen

Libidostärkend

Nerventonikum

Verdauungsfördernd

Zubereitungen

Aufguss: 1 TL getrocknete oder 2 TL frische
Damianablätter auf
1 Tasse kochend heißes
Wasser. Standard-
methode (S. 20).

Tinktur: 200 g getrocknete oder 400 g frische
Damianablätter auf
1 l Wodka-Wasser-
Mischung. Standard-
methode (S. 20).

Vanille *Vanilla planifolia*

Ob als Gewürz oder als Parfüm verwendet, die Vanille ist eines der bekanntesten natürlichen Aphrodisiaka. Doch sind es nicht die duftenden Blüten dieser tropischen Orchidee, sondern die fermentierten Samenkapseln (Schoten), die den Wunderwirkstoff enthalten. Außerdem regt Vanille die Verdauung an und verleiht frische Energie.

Anbau und Ernte
- Braucht feuchtheiße Luft; ganzjährig sehr hellen, dennoch schattigen Standort.
- Die zu den Orchideen gehörende, hoch in Bäumen kletternde Liane erfordert ein feuchtwarmes Gewächshaus, Kletterhilfe und häufige Düngung. Vermehrung durch Wurzelstecklinge.
- Vanille produziert in unseren Breiten keine Samenkapseln (Schoten).

Legende und Tradition
- Die mexikanischen Totonaken kultivierten die Vanille

Pflanzentyp: Tropische Liane; Orchidee

Beschreibung: bis 15 m lang, wächsern grünlichweiße, duftende Blüten

Heimat: Tropischer Regenwald; Mittelamerika

Verwendete Pflanzenteile: Unreife (fermentierte) Schoten

In Flüssigkeit eingelegte Schoten kann man abwaschen, abtrocknen und erneut verwenden.

und rieben sich mit dem Öl der Früchte die Haut ein, bis sie glänzte.

Für Geist und Seele

- 1 kleines Gläschen Vanilleelixier (Rezept nebenstehend) bei Bedarf getrunken, regt die sexuelle Energie an.
- Um Gäste in einer entspannenden, gemütlichen Atmosphäre willkommen heißen zu können, kurz vor ihrem Eintreffen Vanille-Raumspray (Rezept nebenstehend) versprühen.

Für den Körper

- ½ TL Vanilleessenz in ein kleines Glas Wasser gegeben und vor der Mahlzeit getrunken, regt die Produktion der Magensäfte an.

247

Vetiverwurzel *Vetiveria zizanioides*

Vetiver ist ein staudenähnliches, horstbildendes Gras mit einem weit verzweigten Wurzelwerk, mit dem es sich in den lockeren Böden seines Habitats verankert. Der harzige Duft der Wurzeln, der die Sinne anspricht und zugleich nervöse Spannung mindert, ist für den Ruf der Pflanze als Aphrodisiakum verantwortlich. Sie verfügt außerdem über Wirkstoffe, die die Produktion roter Blutkörperchen anregen, Rheumaschmerzen lindern und Insekten abweisen. Das ätherische Öl dient als Beruhigungsmittel.

Pflanzentyp:
Mehrjähriges Gras

Beschreibung: 2 m hoch, aromatische Wurzeln, die 4 m tief reichen können

Heimat: Tropischer Regenwald; Asien

Verwendete Pflanzenteile: Wurzel, ätherisches Öl (der Wurzel)

Anbau und Ernte
• Braucht tiefen, sandigen Lehmboden und Sonne.
• Samen im Frühjahr säen oder reife Pflanzen im Herbst durch Teilung vermehren. Immer vor Frost schützen.
• Wurzeln der 2-jährigen Pflanze ausgraben, säubern und trocknen.

Legende und Tradition
- In der afroamerikanischen Folklore lockt die Vetiverwurzel Glück, Liebe und Reichtum an und vertreibt alles Unglück.
- In Indien verwendet man die Wurzel zum Flechten von Fächern, Windschilden und Matten.

Für Geist und Seele
- Den Körper mit einer ätherisches Vetiveröl enthaltenden Ölmischung (Rezept nebenstehend) massieren, stimmt sinnlich und baut Hemmungen ab.

Für den Körper
- Vetiver-Hautgel (Rezept nebenstehend) nährt reife Haut, wirkt Falten entgegen und verbessert die Elastizität der Haut. Jeden Morgen Hals und Gesicht einreiben.

Besonderer Tipp
Ein mit gehackter, getrockneter Vetiverwurzel gefülltes Baumwollsäckchen in den Kleiderschrank gehängt, hält Motten fern und verleiht den Kleidern angenehmen Duft.

Hauptwirkungen

Steigert Sinnlichkeit

Mildert Nervosität

Nährt die Haut

Zubereitungen

Ölmischung: 2 TL Ölauszug (S. 23) aus Myrtenblättern (S. 236) mit 2 Tropfen ätherischem Vetiveröl mischen.

Hautgel: Je 2 Tropfen ätherisches Öl von Vetiverwurzel, Lavendel und Weihrauch mit 3 EL Aloe-Vera-Gel (S. 173) vermischen. In kleinem Tiegel im Kühlschrank bis zu 1 Monat aufbewahren.

249

Ashwagandha *Withania somnifera*

Im indischen Kamasutra wird Ashwagandha gerühmt als ein Kraut, das das sexuelle Erleben zu steigern vermag. Es entfacht die männliche Libido, heilt Impotenz, steigert die Spermienzahl und die weibliche Fruchtbarkeit. Als Stärkungsmittel kurbelt die Wurzel die Vitalität an und hilft dem Körper, Stress aller Art besser durchzustehen. Als Antioxidantium verzögert sie die Alterungsprozesse, stärkt das Gedächtnis und das Immunsystem und wirkt daher gegen Autoimmunkrankheiten wie Rheuma. Die oberirdischen Teile der Pflanze sind giftig und dürfen nicht verzehrt werden. Schwangere müssen auch die Wurzel meiden.

Anbau und Ernte
- Braucht gut entwässerten, trockenen Boden an warmem, geschütztem, sonnigem oder halbschattigem Standort.
- Im Frühjahr im Gewächshaus säen, erst nach dem letzten Frost ins Freie umsetzen.
- Wurzeln der 3-jährigen Pflanze im Herbst ausgraben. Frisch oder getrocknet verwenden.

Pflanzentyp: Mehrjähriger, immergrüner Strauch

Beschreibung: 1 m hoch, 45 cm breit; grünlichgelbe Blüten

Heimat: Warme Klimazonen; SO-Asien

Verwendete Pflanzenteile: Wurzeln, Blätter, Samen

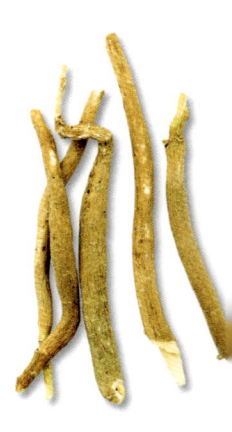

Legende und Tradition

- Das Ayurveda nutzt Ashwagandha als Stärkungsmittel nach langer Krankheit sowie als schlaffördernd, aber auch zur Behandlung nachlassender geistiger Kräfte im Alter.
- In Sri Lanka dienen die Ashwagandhablätter als Insektenschutzmittel.

Für Geist und Seele

- Zur Steigerung der sexuellen Vitalität und der Libido etwa 6 Wochen lang bis zu 3 × täglich 1 Tasse Ashwagandha-Abkochung (Rezept nebenstehend) trinken.
- Nach Bedarf 3 × täglich ½ TL Ashwagandha-Tinktur (Rezept nebenstehend) einnehmen, hilft dem Körper, mit Stress fertig zu werden sowie die Hirn- und Gedächtnisleistung zu steigern.

Für den Körper

- 3 × täglich 2–3 mit pulverisierter getrockneter Ashwagandhawurzel gefüllte Kapseln (S. 21) einnehmen, hilft bei Entzündungen, die auf Rheuma und Arthritis beruhen.

Hauptwirkungen

Intimitätssteigernd

Stressmindernd

Gedächtnisstärkend

Zubereitungen

Abkochung: 30 g getrocknete Ashwagandhawurzel auf 750 ml Wasser. Standardmethode (S. 20).

Tinktur: 200 g getrocknete Ashwagandhawurzel auf 1 l Wodka-Wasser-Mischung. Standardmethode (S. 20).

251

9. KAPITEL

Spirituelle Einstimmung

In diesem Kapitel sind Kräuter versammelt, die uns mit ihren holzigen Aromen auf dem spirituellen Pfad der Bewusstseinserweiterung ermunternd begleiten. Einige der erwähnten Pflanzen sind Bäume, die aromatische Harze absondern. Doch auch andere wie der Amerikanische Beifuß, die Indische Narde und der Muskatellersalbei verfügen über diese erhebende Qualität.

Seit Jahrtausenden war und ist es in vielen Kulturen üblich, Hölzer, Wurzeln oder Blätter zu verbrennen, um zusammen mit dem aufsteigenden würzigen Rauch Gebete zu den übergeordneten Mächten zu schicken. Aber auch in ganz praktischer Anwendung, etwa zum Beduften von Kleidern, Bettzeug und Privaträumen, kann man viele der Duftsubstanzen nutzen.

Weihrauch ist besonders geeignet, eine Meditation zu befördern, und viele der in diesem Kapitel gegebenen Anregungen ermutigen zur

Meditation. Wer meditiert, wird spüren, wie der Weihrauch ein Gefühl des Friedens zu verbreiten vermag. Tatsächlich enthält er nämlich chemische Substanzen, die euphorisch stimmen, das Selbstbewusstsein, aber auch das Immunsystem stärken – und damit zugleich die Verbindung zwischen Geist und Körper.

Um Weihrauch (Olibanum) gefahrlos zu verbrennen, erwirbt man am besten ein traditionelles Räuchergefäß mit drei Füßen, in dem man ihn auf glühende Kohlen streut (nicht auf Holzkohle, wie man sie zum Grillen verwendet). Auf praktischer Ebene schaffen die Füße Abstand zur Abstellfläche, damit kein Zimmerbrand entsteht, auf spiritueller Ebene symbolisieren die drei Füße Geist, Körper und Seele und verdeutlichen, dass der Weihrauchduft auf alle drei seine Wirkung entfaltet.

Aloeholz *Aquilaria agallocha*

Meine erste Bekanntschaft mit Aloeholz machte ich in einem Tempel in Kioto. Wer das balsamische Aroma einatmet, versteht, warum man es seit 3000 Jahren als Parfüm, Aphrodisiakum und als Mittel schätzt, eine höhere Bewusstseinsstufe zu erreichen. Nur geschädigte Bäume, die ein Übermaß an Harz produzieren, verströmen den Duft. Der ayurvedischen Medizin gilt Aloeholz als Mittel gegen Fieber und Entzündung, zur Stärkung des Nervensystems und der Atemwege sowie als verdauungsfördernd.

Pflanzentyp:
Immergrüner Baum

Beschreibung: 40 m hoch, 25 m breit; duftende weiße Blüten

Heimat: Tropischer Regenwald; Asien

Verwendete Pflanzenteile: Holz kranker Bäume, ätherisches Öl (des Holzes)

Anbau und Ernte

- Lediglich 7 Prozent der Bäume entwickeln die Schädigung oder Mutation, die zur nötigen Harzproduktion führen. Sie lässt sich auch künstlich auslösen, doch das entstehende Aloeholz ist von minderer Qualität. Zu seiner vollen Entwicklung braucht der Duftstoff 8–20 Jahre.
- Reife Samen im tropisch warmen Gewächshaus säen, gut feucht und schattig halten.

254

Legende und Tradition

- Buddhisten meinen, Aloeholz wandle Ignoranz in Weisheit und beruhige den Geist, für Moslems intensiviert es das Freitagsgebet.
- Portugiesische Christen schnitzen Rosenkranzperlen aus Aloeholz, weil die Handwärme beim Gebet den erhebenden Duft freisetzt.

Für Geist und Seele

- Den Oberkörper vor der Meditation mit warmem Aloeholz-Ölaufuss (Rezept nebenstehend) massieren, hebt das Bewusstsein für das Transzendente.
- Haare und Gesicht nach Bedarf mit Aloeholz-Abkochung (Rezept nebenstehend) waschen, bringt Klarheit in obsessives Denken und stärkt bei nervöser Erschöpfung.

Für den Körper

- Bei Verdauungsbeschwerden 4–6 Tropfen ätherisches Öl des Aloeholzes in eine Tasse kochend heißes Wasser träufeln und damit ein Flanelltuch tränken. Das ausgewrungene Tuch 20 Minuten auf den Unterleib legen.

Hauptwirkungen

Nährt Spiritualität

Belebt den Geist

Verdauungsfördernd

Zubereitungen

Warmer Ölauszug: 1 EL Aloeholzspäne und 1 Tasse Traubenkernöl zusammen im Wasserbad erhitzen. Bedeckt 2–3 Stunden ziehen lassen. Abseihen, nicht länger als 9 Monate aufbewahren.

Abkochung: 1 EL Aloeholzspäne oder 2 TL Aloeholzpulver auf 750 ml Wasser. Standardmethode (S. 20).

Amerikanischer Beifuß *Seriphidium tridentatum*

Botanisch auch *Artemisia tridentata* genannt, diente die Pflanze nordamerikanischen Indianern zur spirituellen Reinigung. Der von der verbrennenden Pflanze ausgehende Rauch wirkt beruhigend, die Blätter sind entzündungshemmend und verdauungsfördernd, verhindern Wundinfektionen und stillen Schmerz.

Pflanzentyp: Mehrjährige, immergrüne Staude

Beschreibung: 3 m hoch, 2 m breit; weißfilzige Stängel, gelblichgrüne Blüten

Heimat: Aride Zonen; Mexiko

Verwendete Pflanzenteile: Blühende Triebspitzen, Blätter, ätherisches Öl (der Blüten)

Anbau und Ernte
- Braucht gut entwässerten Boden und Sonne.
- Im Frühjahr im Gewächshaus säen und dort im ersten Jahr überwintern. Reife Pflanzen durch Teilung vermehren.
- Zweige der blühenden Pflanze ernten; frisch oder getrocknet verwenden.

Legende und Tradition
- Indianische Heilkundige nahmen mit dem »Geist« der Pflanze Verbindung auf, um dann Krankheiten zu diagnostizieren.
- Die Navajo bereiten aus den Beifußblättern ein Mundwas-

Lässt man die blühenden Triebspitzen glimmen, entsteigt ihnen ein beruhigender, antiseptischer Rauch.

Hauptwirkungen

Schützend

Balanciert den Geist aus

Verdauungsfördernd

ser sowie ein gelbes Stofffärbemittel zu, das zugleich vor Insekten und Nagern schützt.

Für Geist und Seele

• Zur Reinigung der Aura die Spitze eines Qualmbüschels (Rezept nebenstehend) anzünden, die Flamme ausblasen und den Rauch durch Bewegung des Büschels um sich verteilen.

Für den Körper

• Gegen Halsschmerzen bis zu 3 × täglich mit 1 Tasse abgekühltem Aufguss (Rezept nebenstehend) gurgeln.
• Zur Unterstützung des Verdauungsapparats 3 × täglich 1 Tasse Aufguss (Rezept nebenstehend) trinken.

Zubereitungen

Qualmbüschel:
3 Wacholder- und 2 Amerikanische Beifußzweige antrocknen lassen und miteinander verflechten. Kopfüber aufgehängt 3–7 Tage trocknen lassen.

Aufguss: 1 TL getrocknete oder 2 TL frische Beifußblätter auf 1 Tasse kochend heißes Wasser. Standardmethode (S. 20).

Weihrauchbaum *Boswellia carteri*

Als Menschen der Frühzeit das Holz des Weihrauchbaums verbrannten, muss ihnen der aromatische, entspannende Rauch aufgefallen sein, der die Gedanken himmelwärts lenkt. Weihrauch gehörte zu einer ägyptischen Kräuter- und Gewürzmischung, mit der man bei religiösen Zeremonien den Geist reinigte, und noch heute spielt er ja in der Kirche eine Rolle. Forschungen zeigen, dass sein Geruch beruhigend wirkt. Amerikanischen Studien zufolge soll Weihrauch sogar Krebszellen bekämpfen; das ätherische Öl soll die Haut verjüngen.

Pflanzentyp: Kleiner, immergrüner Baum

Beschreibung: 5 m hoch, 3 m breit; kleine, weiße Blüten

Heimat: Trockenes Tropenklima; Arabien, Jemen

Verwendete Pflanzenteile: Harz (Olibanum), ätherisches Öl (des Harzes)

Anbau und Ernte

- Braucht gut entwässerte, trockene Böden und Sonne.
- Samen fünf Tage in Wasser einweichen, dann im trockenwarmem Gewächshaus säen.
- Während der heißesten Zeit des Jahres die Rinde des reifen Baums anschneiden und das austretende Harz sammeln.

258

Legende und Tradition

- In ihrem Tempel in Deir el-Bahari ließ Hatschepsut eine Handelsfahrt nach Punt, von wo die Ägypter ihren Weihrauch bezogen, darstellen.
- Der moslemische Arzt und Philosoph Avicenna verordnete Weihrauch gegen Erbrechen, Durchfall, Fieber und Geschwüre.

Für Geist und Seele

- Für ein tieferes spirituelles Verständnis während der Meditation Weihrauch in einem Räuchergefäß verbrennen (S. 253)
- Den Körper mit Massageöl aus 3 TL Mandelöl und 5 Tropfen ätherischem Weihrauchöl massieren, lässt Ängste vergehen.

Für den Körper

- Jeden Abend das Gesicht mit einigen Tropfen Weihrauch-Gesichtsöl (Rezept nebenstehend) einreiben, tut reifer Haut gut und reduziert Narben (darunter Aknenarben).
- Gegen Kreuzschmerzen die betroffenen Stellen mit Weihrauch-Ölauszug einreiben.

Hauptwirkungen

Harmonisiert den Geist

Verjüngt die Haut

Entzündungshemmend

Zubereitungen

Gesichtsöl: 4 TL Jojobaöl mit folgenden ätherischen Ölen mischen: 5 Tropfen Weihrauch, 3 Tropfen Lavendel, 2 Tropfen Sandelholz.

Ölauszug: 2 TL Weihrauchpulver und 1 Tasse Traubenkernöl zusammen im Wasserbad erhitzen. Bedeckt 2–3 Stunden ziehen lassen. Abseihen, nicht länger als 9 Monate aufbewahren.

Libanonzeder *Cedrus libani*

Das trockene, aromatisch duftende Holz dieses Nadelbaums war schon bei den Sumerern, Ägyptern und Babyloniern als wertvolles Bauholz begehrt. Noch heute wächst der nahezu bis zum Aussterben abgeholzte Baum wild im Libanon. Man behauptet, er könne bevorstehenden Schneefall erspüren und richte seine Zweige so aus, dass sie dem Gewicht des Schnees standhalten, und er gilt als Baum des ewigen Lebens. Kräuterkundige nutzen das Harz gegen Husten und als Hautbalsam. Vor Verwendung des ätherischen Öls erst prüfen, ob man allergisch darauf reagiert. Schwangere müssen es meiden.

Pflanzentyp:
Nadelbaum

Beschreibung: 30 m hoch, 30 m breit; gestaffelt horizontale Äste

Heimat: Warme Klimazonen: Libanon, Türkei

Verwendete Pflanzenteile: Holz, ätherisches Öl (des Holzes)

Anbau und Ernte
- Braucht gut entwässerte, fruchtbare Erde und Sonne.
- Samen im Gewächshaus ziehen, dort auch überwintern.
- Untere Zweige im Frühjahr absägen, trocknen und schreddern.

Legende und Tradition

- Im sumerischen Gilgameschepos ist der Zedernwald die Wohnstatt der Götter, die von dem Riesen Chumbaba bewacht wird.
- In der Antike nutzte man das Harz der Zeder unter anderem gegen Lepra und Parasiten.

Für Geist und Seele

- 3 Tropfen ätherisches Zedernöl im Raum versprüht, hebt die Stimmung und verschafft mehr Selbstvertrauen.
- Nacken und Schulter mit Zedernöl (Rezept nebenstehend) massieren, dämpft die emotionale Sensibilität.

Für den Körper

- Um das Haarwachstum anzuregen, jeden Abend 1–2 TL Haaröl (Rezept nebenstehend) in die Kopfhaut einmassieren. Über Nacht einwirken lassen, morgens auswaschen. Bis zu 7 Monate lang durchführen.
- 4 Tropfen ätherisches Zedernöl in 30 g neutrale Hautcreme einrühren und 2 × täglich auftragen ist ein gutes Hauttonikum.

Hauptwirkungen

Stärkt Selbstvertrauen

Fördert Haarwuchs

Hauttonikum

Zubereitungen

Massageöl: Je 2 Tropfen ätherisches Zedern- und Weihrauchöl unter 2 TL Mandelöl mischen.

Haaröl: Je 3 Tropfen ätherisches Zedern-, Rosmarin, Lavendel- und Thymianöl unter ¼ Tasse Sesamöl mischen. In eine dunkle Glasflache füllen, nicht länger als 6 Monate aufbewahren.

Myrrhe *Commiphora myrrha*

Laut Markusevangelium (15,23) bot man Jesus vor der Kreuzigung mit Myrrhe gewürzten Wein, was als Schmerzmittel galt. Die an vielen anderen Stellen in der Bibel erwähnte Myrrhe war auch als Parfüm, Balsam, Räucherharz und als Mittel zur Belebung des Geistes geschätzt. Wenn Sie das aus dem Harz gewonnene ätherische Öl kaufen, achten Sie darauf, dass es das reine, mit keinen Zusatzstoffen versetzte Öl ist. Kräuterkundige verwenden es bei Entzündung des Zahnfleischs und der Mundschleimhaut als Spül- und Gurgelmittel. Schwangere müssen es meiden.

Pflanzentyp: Harzreicher, dorniger Strauch

Beschreibung: 5 m hoch, 5 m breit; stark blätternde Borke, kleine Blätter

Heimat: Aride Zonen; Somalia, Jemen

Verwendete Pflanzenteile: Gummiharz, ätherisches Öl (des Harzes)

Anbau und Ernte

- Bevorzugt Erde auf Kalkböden und Sonne.
- Samen im Frühjahr im Gewächshaus säen.
- Zur Gewinnung des Gummiharzes die Rinde einschneiden, die austretende Flüssigkeit an der Luft erstarren, dann in der Sonne trocknen lassen.

Legende und Tradition
- Sowohl Chinesen als auch Griechen nutzten Myrrhe zur Behandlung von Wunden, nicht zuletzt in Schlachten erworbene Kampfwunden.
- Myrrhe ist Bestandteil des 1845 als Medizin entwickelten Bitterlikörs Fernet Branca.

Für Geist und Seele
- Während der Meditation 1 TL pulverisierte Myrrhe auf einem Räucherteller verbrennen, erweitert das Bewusstsein und gibt Ruhe.
- Den Körper mit einer Mischung aus 2 TL Traubenkernöl, 3 Tropfen Myrrhen- und 2 Tropfen Neroliöl massieren, lindert emotionalen Schmerz.

Für den Körper
- Bei schlecht heilenden Wunden 2 × täglich etwas Wundheilungsmischung (Rezept nebenstehend) auf die betroffene Stelle auftragen.
- Bei entzündetem Zahnfleisch den Mund 3 × täglich 2–3 Minuten lang mit 3 Tropfen Tinkturmischung (Rezept nebenstehend) auf 1 Glas Wasser spülen.

Hauptwirkungen

Bewusstseinserweiternd

Wundheilend

Entzündungshemmend

Zubereitungen

Wundheilungsmischung:
2 TL Mandelöl mit je 3 Tropfen ätherischem Myrrhen- und Weihrauchöl mischen.

Tinkturmischung:
5 Tropfen Myrrhentinktur (200 g pulverisierte Myrrhe; Standardmethode, S. 20) mischen mit 1 TL Hydrastiswurzeltinktur (S. 102), je 3 Tropfen Teebaum- und Thymianöl sowie 20 Tropfen Pfefferminzöl. Gut schütteln.

263

Afrikan. Copaiba-Balsam-Baum

Daniellia oliveri

Jedes Mal, wenn ich nach Gambia komme, begebe ich mich zum Markt von Brikama, um dort den Duft des Copaiba-Balsams zu genießen. Der Rauch des reinigenden Harzes soll Krankheiten bringende Geister verscheuchen. Die traditionellen Heiler Westafrikas schätzen das gelegentlich auch Santang genannte Harz seiner antimikrobiellen und schmerzstillenden Eigenschaften wegen. Unter anderem dient es als Verdauungshilfe und Insektizid, als Mittel gegen Kopfweh, Zahnschmerzen und Menstruationsbeschwerden. Schwangere müssen es meiden.

Pflanzentyp:
Tropenbaum

Beschreibung: Bis 10 m hoch, 2–3 m dicker Stamm, weiße Blüten

Heimat: Tropische Grasländer; Westafrika

Verwendete Pflanzenteile: Harz, Rinde, Blätter, Holz, ätherisches Öl (des Harzes)

Anbau und Ernte

- Gedeiht nur in trockenem Tropenklima (sandige Böden, Regenzeit).
- Vermehrung durch Schösslinge, die gegossen werden müssen, bis sie gut angewachsen sind.
- Aus 20 cm langen, senkrechten Schnitten tritt Harz aus, das getrocknet wird.

Afrikanischer Copaiba-Balsam-Baum

Legende und Tradition
- Bei religiösen Zeremonien in Westafrika dient das Harz zur Bewusstseinserweiterung.
- Aus dem weichen Holz werden kleinere Gebrauchsgegenstände geschnitzt und eine qualitätsvolle Holzkohle gewonnen. Das Harz dient auch als »falscher Bernstein«.

Für Geist und Seele
- Während der Meditation ½ TL pulverisiertes Copaiba auf einem Räucherteller verbrennen, hilft mentalen Ballast abzuwerfen
- Warmen Ölauszug (Rezept nebenstehend) als Parfüm verwendet, verschafft dem Körper eine schützende Aura.

Für den Körper
- Gegen juckende, entzündete Haut warmen Ölauszug (Rezept nebenstehend) auftragen. (Jedoch erst ausprobieren, ob man allergisch reagiert.)
- Nach Bedarf 1 Tasse Abkochung (Rezept nebenstehend) trinken, reinigt den Körper von Giftstoffen.

Hauptwirkungen

Bewusstseinserweiternd

Beruhigt die Haut

Insektizid

Zubereitungen

Warmer Ölauszug: 1 EL pulverisiertes Copaibaharz und 1 Tasse Traubenkernöl zusammen im Wasserbad erhitzen. Bedeckt 2–3 Stunden ziehen lassen. Abseihen, nicht länger als 9 Monate aufbewahren.

Abkochung:
30 g getrocknetes Copaibaharz auf 750 ml Wasser. Standardmethode (S. 20).

Gemeiner Wachholder *Juniperus communis*

Die Beerenzapfen des Wacholders geben dem Gin seinen Geschmack und dienen als Küchengewürz. Babylonier, Ägypter und Tibeter verbrannten die aromatischen Zweige als Räucherwerk. Nordamerikanische Indianer nutzen sie in gleicher Weise in ihren Schwitzhäusern (eine Art Sauna zur Reinigung von Körper und Geist). In der Kräutermedizin gilt der entwässernde Wacholder als Entgifter. Das ätherische Öl wird zur Behandlung von Blasenentzündung, Rheuma, Ekzemen und Gicht verwendet. Schwangere und Nierenkranke müssen Wacholder meiden.

Pflanzentyp: Mehrjähriges Nadelgehölz

Beschreibung: 10 m hoch, 4 m breit; nadelförmige Blätter

Heimat: Kühle Klimazonen; Nordhalbkugel

Verwendete Pflanzenteile: Zweige, Beerenzapfen, ätherisches Öl (der Beerenzapfen)

Anbau und Ernte
- Braucht gut entwässerte Böden und sonnigen Standort.
- Im Frühling oder Herbst schwach verholzte Ableger von jungen Trieben nehmen und im Gewächshaus pflanzen.
- Zweige ganzjährig brechen, Beerenzapfen der mindestens 2-jährigen Pflanze ernten, beide trocknen.

Legende und Tradition

- Tibetische Pilger verbrennen Wacholderzweige, damit der aufsteigende Rauch ihre Gebete zum Himmel trägt.
- Das harzreiche Holz der Zweige verwendet man gern zum Räuchern von Lachs und Schinken.

Für Geist und Seele

- 3 Tropfen ätherisches Wacholderöl im Raum zerstäubt, reinigt die Emotionen und schützt vor negativen, stresserzeugenden Einflüssen.
- Zur Regenerierung nach anstrengender Tätigkeit ein Bad mit 6 Tropfen Wikingeröl (Rezept nebenstehend) nehmen.

Für den Körper

- Gegen Cellulitis in einem Bad, in das man 3 Tropfen ätherisches Wacholder- und 3 Tropfen Rosmarinöl gegeben hat, mit einer Körperbürste unter Wasser die betroffenen Stellen massieren.
- Zur Behandlung von Entzündungen des Harntrakts 2 × täglich 1 Tasse Aufguss trinken.

Hauptwirkungen

Reinigt den Geist

Steigert die Energie

Entwässernd

Zubereitungen

Wikingeröl: Je 10 Tropfen ätherisches Öl von Wacholder, Rosmarin und Schwarzem Pfeffer mit 5 Tropfen ätherischem Pfefferminzöl mischen.

Aufguss: 3 TL getrocknete Wacholderbeeren 20 Minuten in 1 Tasse kochend heißem Wasser ziehen lassen, abgießen und trinken

Indische Narde *Nardostachys jatamansi*

In Indien nutzt man den Wurzelstock der botanisch auch *Nardostachys jatamansi* genannten Narde mit ihren Moschusduft als Räucherwerk bei religiösen Andachten, um die spirituelle Aufnahmebereitschaft zu stärken. Versuche scheinen zu belegen, dass das Rhizom antimykotisch wirkt und die Leber schützt. In jedem Fall ist es ein dem Baldrian ähnliches Beruhigungsmittel, das in Indien als Baldrianersatz gilt. Das sehr wertvolle Nardenöl wird kosmetisch genutzt; es regt den Haarwuchs an und färbt die Haare dunkel.

Pflanzentyp: Mehrjährige Staude

Beschreibung: 30 cm hoch, 20 cm breit; rosaweiße Blüten in Scheindolden

Heimat: Alpines Grasland: Nepal, Bhutan

Verwendete Pflanzenteile: Wurzelstock, ätherisches Öl (des Wurzelstocks)

Anbau und Ernte
- Bevorzugt feuchte Böden und Halbschatten.
- Im Frühjahr 20 cm lange Rhizomstücke in die Erde setzen und, bis sie verwurzelt sind, gut wässern oder im Herbst reife Samen im Gewächshaus säen und im Frühjahr ins Freie umsetzen.
- Das Rhizom der 2–3-jährigen Pflanze ausgraben, säubern und im Schatten trocknen.

Legende und Tradition

- Ayurvedische Heiler verordnen die Narde als Nerventonikum.
- Im Kochbuch des römischen Gourmets Apicius (1. Jh. n. Chr.) wird gelegentlich Nardenblüte als Gewürz verwandt.

Für Geist und Seele

- Während der Meditation ½ TL pulverisierte Nardenwurzel auf einem Räucherteller verbrennen, beruhigt den Geist und intensiviert die Spiritualität.
- Zur Harmonisierung der drei *doshas* (S. 16) 3 × täglich 1 TL Tinktur (Rezept nebenstehend) einnehmen.

Für den Körper

- 3 Tropfen ätherisches Nardenöl vermischt mit 1 TL Sesamöl in die Kopfhaut massiert, regt den Haarwuchs an und mildert zugleich nervös bedingten Kopfschmerz.
- Das Gesicht mit Gesichtsöl morgens und abends einreiben, nährt reife Haut, mildert Falten und Ausschlag und lässt Narben verblassen.

Hauptwirkungen

Konzentrationsfördernd

Geiststärkend

Nervenberuhigend

Zubereitungen

Tinktur: 200 g getrocknete oder 400 g frische gehackte Nardenwurzel auf 1 l Wodka-Wasser-Mischung. Standardmethode (S. 20).

Gesichtsöl: 2 TL Traubenkernöl mit je 3 Tropfen ätherischem Narden- und Lavendelöl mischen.

Kopalharz *Protium copal*

Ich habe einen kleinen Beutel aus Guatemala an meiner Küchentür hängen. Darin befinden sich Piniennadeln, Holzspäne und Kopalharz – als Schutztalisman. Das Harz hat einen holzigen, hypnotischen Duft und schon Mayas und Azteken hielten es für schutzmächtig und reinigend. Kopal ist ein Sammelbegriff für bernsteinähnliche Harze unterschiedlicher Härte. Vom *Protium copal* ist die Art »Weiß« im Angebot (hell mit fruchtigem Duft), »Gold« ist fester und dunkler und »Schwarz« ist dunkel und geheimnisvoll. Therapeutisch nutzt man das Harz bei Zahn- und Atemwegserkrankungen. Die Rinde des Baums dient als Mittel gegen innere Parasiten wie Würmer.

Pflanzentyp:
Immergrüner Baum

Beschreibung:
10 m hoch, 8 m breit; rote Früchte

Heimat: Tropischer Regenwald; Mittelamerika

Verwendete Pflanzenteile: Harz, Rinde, ätherisches Öl (des Harzes)

Anbau und Ernte

- Bevorzugt gut entwässerte, sandige Böden, Feuchtigkeit und Schatten.
- Reife Samen im Gewächshaus säen oder Pflanze durch Stecklinge vermehren.
- Zur Ernte des Harzes Löcher in die Rinde bohren; das Harz trocknen.

Legende und Tradition

- Mittelamerikanische Schamanen atmeten den Rauch des brennenden Harzes ein, um sich in Trance zu versetzen.
- Den Maya galt das Harz als Speise der Götter. Folglich durfte es nie mit der Hand berührt, sondern nur mit besonderen Werkzeugen auf den Altar gelegt werden.

Für Geist und Seele

- Den Körper mit warmem Harz-Ölauszug (Rezept nebenstehend) massieren, löst Spannungen und beruhigt den Geist.
- Um einen Raum vor negativen Einflüssen zu schützen auf 4 Räucherteller je ½ TL Harzpulver geben, anzünden und die Teller in die vier Ecken des Raums stellen.

Für den Körper

- Bei Verdauungsbeschwerden, die durch einen nervösen Magen verursacht sind, eine heiße Harz-Kompresse (Rezept nebenstehend) so heiß, wie es eben gerade noch vertragen wird, auf den Unterleib legen und ruhen.

Hauptwirkungen

Belebt den Geist

Nervenberuhigend

Verdauungsfördernd

Zubereitungen

Ölauszug: I EL zerstoßenes, getrocknetes Kopalharz und I Tasse Traubenkernöl zusammen im Wasserbad erhitzen. Bedeckt 2–3 Stunden ziehen lassen. Abseihen, nicht länger als 9 Monate aufbewahren.

Heiße Kompresse: 4–6 Tropfen ätherisches Öl von Kopalharz auf I Tasse kochend heißes Wasser. Kompresse damit tränken.

271

Muskatellersalbei *Salvia sclarea*

Der Muskatellersalbei mit seinen weißlichen Blüten mit zart violettem Rand bietet jedem, der ihn verwendet, eine ihm und den Gegebenheiten angepasste Wirkung, die alle Nuancen zwischen mild berauschend und spirituell erhebend abdeckt, je nach dem, in welchem emotionalen Zustand man sich zur Zeit der Einnahme befindet. Schwangere müssen Muskatellersalbei meiden; auch sollte man ihn nicht mit Alkohol kombinieren.

Pflanzentyp: Zweijährige, frostempfindliche Pflanze

Beschreibung: 1,5 m hoch, 1 m breit; weißlich hell-violette Blüten

Heimat: Alle Klimazonen; Mittelmeerraum

Verwendete Pflanzenteile: Blätter, blühende Sprossspitzen, Samen, ätherisches Öl (der Sprossspitzen)

Anbau und Ernte

- Anspruchslos, braucht aber gut entwässerte Böden und Sonne.
- Samen im Frühjahr oder Sommer säen (vermehrt sich dann von selbst weiter).
- Die Blätter ganzjährig nach Bedarf ernten, die blühenden Sprossspitzen im Sommer, reife Samen im Herbst; frisch oder getrocknet verwenden.

Im 12. Jahrhundert galt ein aus den blühenden Sprossspitzen bereiteter Wein als Aphrodisiakum.

Legende und Tradition

• Im 19. Jahrhundert verstärkte man mit dem ätherischen Öl Geschmack und Wirkung des Weins der Muskatellertraube.

Für Geist und Seele

• 1 Tropfen ätherisches Muskatellersalbeiöl auf das Kopfkissen getropft, verbessert die Erinnerung an Träume und eröffnet den Zugang zum Unterbewusstsein.

Für den Körper

• 3 × täglich 1 Tasse Aufguss lindert Menstruations- und Wechseljahresbeschwerden.
• Mit dem Samenaufguss lassen sich durch Bindehautentzündung verklebte Augen erfrischen.

Zubereitungen

Aufguss: 2 TL getrocknete oder frische Blätter oder blühende Sprossspitzen vom Muskatellersalbei auf 1 Tasse kochend heißes Wasser. Standardmethode (S. 20).

Samenaufguss: 50–100 g Muskatellersalbeisamen mit Wasser bedecken und stehen lassen, bis die Samen weich sind (über Nacht). Abseihen und sofort verwenden.

Sandelholzbaum *Santalum album*

Bei einem Besuch in China habe ich vor 20 Jahren erstmals den Duft des Sandelholzes kennen gelernt, als ich taoistische Mönche beim Bau eines Tempels beobachtete. Ihnen gilt Sandelholz als das traditionelle Baumaterial für Tempel, denn das Holz (und das aus ihm und der Wurzel gewonnene ätherische Öl) enthält die Meditation unterstützende Substanzen. Das Öl dient auch zur Pflege trockener Altershaut, ist antiseptisch und wird zur Behandlung von Harnwegsinfekten genutzt.

Pflanzentyp: Halb parasitischer Baum

Beschreibung: 18 m lang, 10 m breit; braunrote Blütenhüllen

Heimat: Tropische Grasländer; SO-Asien

Verwendete Pflanzenteile: Ganzer Baum (offizinell nur das Kernholz), ätherisches Öl (des Holzes)

Anbau und Ernte

- Braucht gut entwässerte Böden, lange Trockenperioden, Vollsonne, doch kühle Luft.
- Aus Wurzelschösslingen ziehen. 1–2 m lange Pflanze bei einem großen Wirt (*Acacia*- oder *Vitex*-Arten) ansiedeln. 40 oder mehr Jahre alte Bäume schlagen und das

von Rinde und Splint befreite Kernholz zu Spänen verarbeiten.

Legende und Tradition

- Bei indischen Leichenverbrennungen wird Sandelholz mit verbrannt, um die Seele vor dem Einfluss böser Geister zu schützen.
- Als Verbindung zum Göttlichen geben Hindus rote Sandelholzpaste in die Farbmischung für den *bindi* (roter Stirnfleck).

Für Geist und Seele

- Während der Meditation ½ TL pulverisiertes Sandelholz auf einem Räucherteller verbrennen, weckt die spirituelle Intelligenz.

Für den Körper

- Trockene, rissige Haut an den Füßen jeden Abend mit Sandelholz-Fußöl (Rezept nebenstehend) einreiben.
- Bei einer Harnwegsinfektion bis zum Abklingen der Entzündung 3–4 × täglich 1 TL Sandelholz-Tinktur (Rezept nebenstehend) einnehmen.

Hauptwirkungen

Beruhigt den Geist

Verjüngt die Haut

Antiseptisch

Zubereitungen

Fußöl: 2 EL Ringelblumenblüten-Ölauszug (S. 23) mit je 3 Tropfen ätherischem Sandelholz- und Lavendelöl mischen. Gut verschlossen nicht länger als 9 Monate aufbewahren.

Tinktur: 200 g getrocknete Sandelholzspäne auf 1 l Wodka-Wasser-Mischung. Standardmethode (S. 20).

275

Begriffserläuterungen

Adstringens Mittel mit zusammenziehender Wirkung, das dazu führt, dass kleine Blutungen oder Absonderungen aus Schleimhäuten gestillt werden

Antidot Gegenmittel

Analgetikum Schmerzstillendes Mittel

Anästhesierend Betäubend

Antidepressivum Medikament gegen Depression

Antimikrobiell Gegen Mikroben (Mikroorganismen/einzellige Kleinstlebewesen/Bakterien) ankämpfend

Antimykotisch Gegen Hefepilzerkrankungen (Candidamykosen) wirksam

Antioxidantien In vielen pflanzlichen Nahrungsmitteln und Kräutern enthaltene Stoffe, die zellschädigende Sauerstoffradikale (freie Radikale) bekämpfen

Antiseptisch Keimtötend, Wundinfektionen verhindernd

Arid Trocken, dürr, wüstenhaft; Klima in Gebieten, in denen die durchschnittliche Verdunstung größer ist als der Niederschlag

Aromatherapie Art der Krankenbehandlung, bei der man den Duft ätherischer Öle nutzt

Ätherisches Öl Flüchtiges Öl, das man durch Destillation aus den Pflanzen erhält und das für den charakteristischen Duft und Geschmack der Pflanze verantwortlich ist

Candidamykosen Sammelbezeichnung für Hefepilzerkrankungen. Die Sprosspilze können unter anderem die Mundschleimhaut, die Scheide, die Eichel, den Bart, die Zwischenfingerfalten und die Säuglingshaut im Bereich der Windel befallen; antimykotische Mittel sind gegen sie wirksam

Diuretikum/diuretisch Harntreibendes Mittel/entwässernd

Dolde Lang gestielte Einzelblüten, die zu einem schirmartigen Blütenstand zusammengefasst sind; alle Stiele gehen von einem Punkt aus

Emetikum Mittel, das Brechreiz auslöst

Endokrin Drüsen mit innerer Sekretion betreffend

Endorphin Körpereigener Stoff mit morphinähnlicher Wirkung

Freie Radikale Zellschädigende sauerstoffhaltige Partikel; sie werden von Antioxidantien bekämpft

Gegenmittel Substanz, die ein Gift neutralisiert, auch Antidot genannt

Homöopathie Von Samuel Hahnemann begründetes Heilverfahren, bei dem die Kranken mit solchen stark verdünnten Mitteln behandelt werden, die bei Gesunden ähnliche Erscheinungen hervorrufen, wie die Krankheiten, gegen die sie eingesetzt werden (Ähnlichkeitsregel)

Insektizid Chemisches oder biologisches Mittel, das Insekten abtötet

Laxativ Mildes Abführmittel

Mikrobe Mikroskopisch kleines pflanzliches oder tierisches Lebewesen

Neuralgie/neuralgisch Anfallsweise auftretender Schmerz im Bereich empfindlicher Nerven/auf einer Neuralgie beruhend oder auf sie hindeutend

Offizinell Arzneilich Als Arzneimittel anerkannt und genutzt

Pestizid Chemisches Schädlingsbekämpfungsmittel

Pfahlwurzel Gerade verlaufende Hauptwurzel, die länger ist als alle anderen Wurzeln der Pflanze

Pikieren Zu dicht stehende junge Pflanzen ausziehen und in größerem Abstand neu auspflanzen

Rhizom Unterirdisch wachsender Spross, der Nährstoffe speichert, Wurzeln und Schösslinge ausbildet

Rispe Mehrfach verzweigter Blütenstand mit (meist) gestielten Blüten

Saponin Giftiger Pflanzeninhaltsstoff, der in Verbindung mit Wasser seifenähnlichen Schaum bildet

Schein- oder Trugdolde Schirmförmiger Blütenstand, dessen gestielte Einzelblüten unterschiedlichen Punkten entspringen

Sedativum/sedierend Beruhigungsmittel/beruhigend

Sekret Absonderung aus einem Organ, einer Drüse oder Wunde

Toxin/toxisch Organischer Giftstoff, insbesondere Bakteriengift/giftig

Wichtiger Hinweis

Dieses Buch ist eine allgemeine Darstellung der Anwendungsmöglichkeiten der erwähnten Kräuter. Die Informationen über diese Kräuter sind weder völlig umfassend noch verbindlich. Wer Kräuter anwendet, handelt auf eigene Verantwortung, da weder die Autorin noch die Übersetzerin noch der Verlag die etwaigen individuellen Unverträglichkeiten oder körperlichen Befindlichkeiten des Einzelnen kennen können. Einige der vorgestellten Pflanzen können toxische Wirkung haben, wenn sie in größeren Mengen oder über einen längeren Zeitraum eingenommen oder angewandt werden, oder sie können unangenehme Nebenwirkungen haben und beispielsweise Allergien auslösen. Dieses Buch ist kein Ratgeber für die Selbstdiagnose oder die Selbstbehandlung. Abgesehen von schwächeren Befindlichkeitsstörungen, wie sie etwa eine leichte Erkältung darstellt, sollten Sie immer einen Arzt oder Heilpraktiker aufsuchen, bevor Sie Kräuter anwenden. Bei anhaltenden und schwerwiegenden Symptomen ist ein Arztbesuch sogar unumgänglich. Sollten Sie bereits wegen einer Erkrankung in ärztlicher Behandlung sein, stimmen Sie die zusätzliche oder alleinige Einnahme von Kräutern auf jeden Fall mit Ihrem Arzt ab, denn Kräuterheilmittel können durchaus gefährlich sein. Lesen Sie auch die Hinweise auf den Seiten 7 und 288.

Register

Bildnachweis

Der Verlag dankt den im Folgenden genannten Organisationen, Fotografen und Archiven für die Erlaubnis, ihre Bilder zu reproduzieren. Sollten wir den Inhaber eines Copyrights vergessen haben, so bitten wir um Entschuldigung und werden den Fehler, sofern wir auf ihn aufmerksam gemacht wurden, in zukünftigen Ausgaben korrigieren.

Danksagung

Mein ganz besonderer Dank gilt meinen beiden Lektorinnen Joanna Micklem und Judy Barratt, die darauf achteten, dass ich mich auf das Wesentliche konzentrierte, und die auch auf spät in der Nacht versendete Mails mit nie versiegendem Humor reagierten. Eine kleine Verbeugung verdienen auch der Mann hinter »Bob's Angels« und der Grafiker Daniel Sturges, der trotz eines Wustes von Sonderwünschen erstklassige Arbeit leistete. Ein großes Dankeschön auch an meinen Kollegen Walter Enns, seit 35 Jahren als Herbalist ein Meister seines Fachs, der unbezahlbaren Rat beisteuerte, und an meinen dritten Sohn, J. J. Lowe, selbst Autor, der dafür sorgte, dass alles rechtzeitig fertig wurde. Doch auch meinen anderen Söhnen schulde ich Dank für ihre Unterstützung. Mr. Jerreh Touray aus Gambia danke ich dafür, dass er mich in Afrika auf Bäume und Sträucher aufmerksam machte, die mir neu waren.
Ich widme dieses Buch der Erinnerung an meine verstorbene Schwester Dr. Adrienne Wendy May Bremness, Shiatsumeisterin, Ernährungswissenschaftlerin, Tierheilerin, Ärztin mit Schwerpunkt Orientalische Medizin (hier Inhaberin eines Einser-Examens!), chinesische Heilkräuter und Akupunktur. Ein gut gelebtes Leben.

Dank des Verlegers: Der Verlag dankt dem Herbalisten Walter Enns für seine unschätzbare Hilfe und Deni Brown für ihren Rat und ihre Fotos.

Nützliche Websites

Auf den folgenden Webseiten befinden sich weitere Informationen über Gesundheitskräuter und deren genaue Beschreibung mit Kräuteranwendungen:

www.naturheilkraut.com
www.heilkraeuter.de
www.kraeuter-verzeichnis.de

Hinweis des Verlages:
Dieses Buch dient als Informationsquelle über Kräuter und ihre Wirkweisen. Es kann weder ein medizinisches Fachbuch noch eine ärztliche Behandlung ersetzen. Schwangere sowie Menschen, die an chronischen Erkrankungen leiden, müssen ärztlichen Rat einholen, ehe sie eines der hier genannten Kräuter anwenden. Der Verlag schließt jegliche Haftung für Personen-, Sach- und Vermögensschäden aus.